神奈川大学
言語学研究叢書 5

英語学習動機の減退要因の探求

日本人学習者の調査を中心に

菊地恵太 著

ひつじ書房

神奈川大学言語学研究叢書

1　発話と文のモダリティ—対照研究の視点から　　　　武内道子・佐藤裕美 編
2　モダリティと言語教育　　　　　　　　　　　　　　富谷玲子・堤正典 編
3　古代中国語のポライトネス—歴史社会語用論研究　　　　　　　彭国躍 著
4　グローバリズムに伴う社会変容と言語政策　　富谷玲子・彭国躍・堤正典 編
5　英語学習動機の減退要因の探求—日本人学習者の調査を中心に　菊地恵太 著

序

　なぜ、英語学習でのモチベーションを高める要因ではなく、モチベーションを減退しうる要因に関して研究しているのですか、こんな質問をされることが実はよくある。まずは本書のはじめにこの質問に簡単に答えておこう。

　英語習得のように、なかなか成果の見えにくいような活動に取り組むにあたり、どうやって自分の学習意欲を「維持」するのかは、とても重要なことである。この問題に取り組む1つの鍵として、その時間のかかる地道なプロセスではどのような要因によって学習意欲が減退されうるのだろうか、という問題が見出される。その問題を理解し、どうやって適切に対処し、モチベーションの維持につなげられるのかを考えることは、モチベーション研究に関しての重要なアプローチといえよう。また、学習意欲減退要因の理解を深めることによって、様々な要因によって複雑に変化するモチベーションのあり方を捉えることができると考える。例えば、新年に今年の抱負を立てる人は多いであろう。ただ、その目標の実現のために日々努力を重ね、年末になって自分の目標の達成度を振り返ることができる人はどれだけいるであろうか。1年の間に様々なモチベーションの減退要因を経験しながら日常生活を送り、日々の忙しさの中でその抱負を立てたことさえも忘れてしまう人も多いはずである。どのような要因が影響し、そのような結果になるのだろうか。言うまでもなく難しい質問であるが、本書では「英語という外国語の習得」という非常に骨の折れる課題に対して幾つかの研究を通し、どのような要因がモチベーションの減退につながるかを思索している。

　先日、授業中に英語学習に対するモチベーションのことを話していたときに、アルバイトではすぐに時給でお金がもらえるが、英語学習では目に見える結果が出ない。そんな中、英語を話せるようになりたいと思って、何かをやろうとしてもやり続けることは難しいと、ある学生が話してくれた。確か

に、英語を話せるようになるには、英語圏の国に行くことが最短距離なのかもしれない。しかし、いざ短期語学研修などで海外に行っても片言の英語を話すだけでそれほど上達しないであろう。結果的には学生は日常で英語を必要としない日本で英語を学習しなければならないのである。そのような学生が、どうやって自分のモチベーションを維持しながら英語学習ができるのだろうか。本書では、様々な英語学習意欲減退要因を扱う。教員の自分と合わない教え方、テストでよい点数が取れない、英単語がなかなか覚えられないなど様々な経験をした学習者の例も紹介している。彼らの学習の成功のためにはそういった学習意欲を低める消極的な要因を認識しても地道に努力を続けられるモチベーションを持ち続けることが重要である。

また、自分の力で英語の文献を時間をかけて読んで理解するのは時間や労力がかかるので、要点だけまとめて話してほしいという学生もいた。教員として、興味深い課題や海外の文献と触れることによって学問的な達成感を味わってほしいとの思いで授業を展開していても、目の前の一人一人のモチベーションを高めることは容易ではないことを痛感させられた。本書は学習意欲減退要因に関しての研究書として私も携わった研究を含めた様々な研究成果を紹介していくが、私自身や様々な学習者の経験についても触れている。本書で取り扱っている内容が英語での学問的文献を読むのが苦痛である、学習意欲の妨げとなると感じている方々の助けになればと思っている。

本書の出版は、神奈川大学言語研究センターの支援を得て実現した。また、本書をまとめていく中で以下の方々に特にお世話になった。神奈川大学言語研究センター所長堤正典先生、叢書担当の熊谷謙介先生には持続的な励ましを頂いた。言語研究センターの石渡雅子さんには叢書執筆の計画の際から事務的なサポートをして頂いた。早稲田大学国際コミュニケーション研究科修士課程の豊永開くん、テンプル大学ジャパンキャンパスの岩下好美さんには原稿全体を読んでいただき、貴重なコメントを頂いた。ひつじ書房の森脇尊志さんには大変骨の折れる原稿全体の校正をしていただいた。最後に、本書執筆中に神奈川大学外国語学部国際文化交流学科にて 2014 年開講の専

門演習 II を履修した 9 名の学生の皆さんには、原稿の一部を授業で扱いながら様々なヒントをいただいた。この場を借りて感謝を申し上げる。

 2015 年 1 月

菊地恵太

本書に関連した研究の一部は JSPS 科研費 24720269 の助成を受けたものです。

目　次

序　　　　　　　　　　　　　　　　　　　　　　　　　　　　　　iii

第 1 章　学習意欲の減退要因とは　　　　　　　　　　　　　　　1

1.1.　本書の目的　　　　　　　　　　　　　　　　　　　　　　　1
1.2.　学習意欲減退要因とは　　　　　　　　　　　　　　　　　　2
1.3.　本書の構成　　　　　　　　　　　　　　　　　　　　　　　5

第 2 章　動機づけに関する理論の概観　　　　　　　　　　　　　7

2.1.　はじめに　　　　　　　　　　　　　　　　　　　　　　　　7
2.2.　社会心理学的アプローチの時代　　　　　　　　　　　　　　7
2.3.　教育心理学的アプローチの時代　　　　　　　　　　　　　10
　　2.3.1.　自己決定理論　　　　　　　　　　　　　　　　　　10
　　2.3.2.　原因帰属理論　　　　　　　　　　　　　　　　　　15
2.4.　過程・プロセスに着目した時代　　　　　　　　　　　　　17
2.5.　社会的・動的アプローチの時代　　　　　　　　　　　　　19
　　2.5.1.　動機づけをある状況下にある個人との相関関係の
　　　　　　視点から捉えるアプローチ　　　　　　　　　　　　20
　　2.5.2.　動機づけのセルフシステムを応用したアプローチ　　21
　　2.5.3.　動的なシステムの視点からモチベーションを捉える
　　　　　　アプローチ　　　　　　　　　　　　　　　　　　　22
2.6.　本章のまとめ　　　　　　　　　　　　　　　　　　　　　23

第 3 章　動機づけの理論と学習意欲減退　　　　　　　　　　　25

3.1.　はじめに　　　　　　　　　　　　　　　　　　　　　　　25
3.2.　社会心理学的アプローチと学習意欲減退　　　　　　　　　25

3.3. 教育心理学的アプローチと学習意欲減退 26
3.4. 過程・プロセスに着目したアプローチと学習意欲減退要因 27
3.5. 社会的・動的アプローチと学習意欲減退要因 28
    3.5.1. L2セルフシステムと学習意欲減退要因 28
    3.5.2. 環境と学習者間の動的・相関的関係と学習意欲減退要因 29
3.6. まとめ 30

第4章　学習意欲の減退要因に関する先行研究　31

4.1. 本章の流れ 31
4.2. 教室でのコミュニケーションにおける学習意欲の減退要因の研究 32
4.3. 学習意欲の減退要因としての教師の不適切な行動 34
4.4. Dörnyei (2001) とその流れの初期研究 37
4.5. 日本国外での研究の流れ 39
    4.5.1. Demotivators に関しての研究 40
    4.5.2. Demotivation に関しての研究 42
4.6. 日本国内での研究の流れ 44
    4.6.1. Dörnyei (2001) の流れの主要研究 45
    4.6.2. 学習意欲減退の対処に関する研究 46
4.7. まとめ 49

第5章　確認的因子分析を用いた量的研究例　51

5.1. 研究方法 52
    5.1.1. 調査対象者と調査時期 52
    5.1.2. 分析方法 54
    5.1.3. リサーチ・クエスチョン 54
5.2. 研究結果 54
    5.2.1. 記述統計と探索的因子分析の結果 54
    5.2.2. 仮説から想定した6因子モデルの構成 59

5.2.3.	確認的因子分析（6因子モデル）の結果	59
5.2.4.	確認的因子分析（4因子モデル）の結果	62
5.3.	考察・結論	64

第6章　重回帰分析を用いた量的研究例　　67

6.1.	研究方法	68
6.1.1.	参加者	68
6.1.2.	質問紙	68
6.1.3.	調査手順	68
6.2.	分析結果	69
6.3.	考察・結論	71

第7章　インタビューと質問紙を用いた研究　　73

7.1.	先行研究	73
7.2.	研究方法	77
7.2.1.	参加者	77
7.2.2.	質問紙	77
7.2.3.	手続き	78
7.2.4.	分析	79
7.3.	研究結果	79
7.3.1.	量的データに基づく学習者の変化	80
7.3.2.	Cognitive maps を用いた質的分析結果	83
7.4.	考察	91
7.5.	結論	93

第8章　学習意欲減退への対処　　95

8.1.	動機づけストラテジーとは	95
8.2.	動機づけストラテジーと学習意欲減退の防止	103

第9章　まとめ　107

- 9.1. 現在の学習意欲減退に関しての研究の問題点　107
- 9.2. 現在の学習意欲減退に関しての研究方法に関して　109
- 9.3. 個人差要因と学習意欲減退要因　113
- 9.4. 学習者の相反性と学習意欲減退要因　116
- 9.5. 学習者の非エンゲージメントと学習意欲減退要因　118
- 9.6. 動機づけの3水準モデルと学習意欲減退要因　120
- 9.7. 本書のまとめ　121

参考文献　123

第 1 章　学習意欲の減退要因とは

1.1.　本書の目的

　本書は、言語学習における学習意欲の減退要因（Demotivator）に関して扱った日本で初めての研究書である。言語学習における学習意欲の減退要因に関しては特に外国語としての英語教育（Teaching English as a Foreign Language）において盛んに研究をされている概念である。本書では、その研究概念を日本の英語教育での事例を使いながら明らかにし、英語以外の他の外国語教育での研究をも促したい。

　さて、「学習意欲」という用語の「意欲」という表現は日常的に使われる言葉であるが、外山（2011）も指摘するとおり、一般的に「意欲」「モチベーション」「やる気」の 3 つの用語は日常的に同義に使われているといえよう。もちろん厳密にいえばそれぞれの言葉は違ったニュアンスを持っているが、日常的にこの 3 つの言葉を使い分けている人はいないであろう。本書でもこれらの「意欲」「モチベーション」「やる気」の 3 つの用語を同義として使用するものとする。

　一方、特に心理学の分野では学術用語として動機づけ（motivation）という用語が使われており、本書ではその動機づけ（motivation）に対してネガティブに働く減退要因（demotivator）を扱う。特に本書では外国語の「学習」においての動機づけの減退要因に関して扱うので、基本的に学習意欲の減退要因という用語を用いて議論をする。

　本書の目的は以下の 2 点に集約される。まず、最初の目的は、動機づけ

の諸理論を踏まえた上で、学習意欲減退要因を見つめなおすことである。いうまでもなく動機づけの構造は極めて複雑である。第2章で概観するように動機づけに関してはさまざまな理論が存在する。教育心理学や第2言語習得理論の関連分野においては、そういった複雑な動機づけの構造をなんとか理論構築しようと、様々な研究者たちが試みを続けてきた。現在までの学習意欲減退要因に関する研究では、一理論のフレームワークに捉われずに、主に教室内で学習者が学習プロセスにおいて経験する様々な事柄が、学習意欲減退要因としてどのように認識されているかが調査されてきた。本書では、そういった研究からの知見を生かし、動機づけの諸理論を踏まえた視点から今一度学習意欲減退要因を見つめなおすことにより、既存の動機づけ理論との関連性に関して考えたい。言語学習者の学習意欲が具体的に減退する要因の精査により、動機づけに関しての諸理論の理解を深めることができよう。2点目は以上に挙げた研究の知見から、現場教員の抱えるモチベーションの低い学習者にどのように接したらよいかという疑問に答えるヒントを模索することである。本書では、学習動機ストラテジーに関する研究や「無気力」に関する研究からの知見に照らし合わせながら具体的にどのような指導がモチベーションの低い学習者に対して有益かを考えたい。

以上の目的を踏まえ、本章では次節で、本書で扱う学習意欲減退要因の定義を述べ、最後に本章の構成に触れる。

1.2. 学習意欲減退要因とは

まず、本書で扱う学習意欲の減退要因という用語に関して本節で検討を行うにあたり、本節ではこの用語を「学習」「意欲」「減退要因」の3つに分けて定義づけを試みることとする。最初に「学習」に関しては、鹿毛 (2013, p. 3) によると、心理学で一般的に使われている用語としては「練習や勉学といった体験の結果として生じる行動や能力の永続的な変化、あるいは知識、行動パターン、能力の獲得プロセス」として定義されるという。さらに、この定義のポイントは以下の3点に集約できる (Schunk, 2000)。

①学習とは行動や能力が変化すること、すなわち何かができるようになったりわかるようになること、自分なりの考え方が形成されることである。
②学習とは長続きする変化で、一時的なものでなく、その変化は不可逆的で後戻りすることはない。
③学習は自ら練習する、他者の行動を観察するなどという体験から生じる。その体験は、「何度も繰り返す」といった意図的なものと、たまたま体験するといった偶発的なものを含む。

さらに鹿毛(2013, p. 4)は、一般的に心理学でいわれている学習の対象となる(受身表現が重なっているので)「内容」に関しては、①知識(宣言的・手続き的知識)、②技能(知的・運動技能)、③態度(特定の事柄、人物などに対しての人の行動に影響を及ぼす内的状態)の3つをあげている。ここで注目すべきは、「態度」も学習される内容とされていることであろう。広辞苑第六版によれば、意欲とは「積極的に何かをしようと思う気持ち」とされており、何かを成し遂げようとする「意志」と何かをしたいという「欲求」の複合的心理状態や心理機能のことをあらわしている。つまり、「意志」と「欲求」そのうちのどちらかが欠けていても意欲的だとはいえないであろう。それゆえ鹿毛(2013, p. 3)は、学習意欲を「学びたい」という欲求と「学習を成し遂げよう」とする意思に根ざした「積極的に学ぼうと思う気持ち」としているのだと考えられる。

さて、ここまで学習意欲という用語に関して検討をしてきた。次に言語学習の文脈に今までの議論をあてはめてみよう。著者自らの英語学習に対するモチベーションの変化を振り返ってみても、様々な英語の学習意欲の減退要因が想起される。例えば、中学1年生のときに何度も apple, orange, eat などの綴りをノートに書かされ、提出させられた経験、また中高を通して、特にテスト範囲の教材の暗記をせずにテストを受けたため、いつも定期試験で悪い点数しかとれなかった経験などがある。定期試験では教科書の本文を暗記していれば点数が取れる問題であったが、特に興味の沸かない英語の文を暗記することに抵抗感を感じていた。ある時などは教科書1ページ分ほどの長文を暗記し、教員の前で全員各々発表させられた。うまく暗誦できなけれ

ば放課後に残され、できるまで何度でも繰り返し遅くまでやらされた。この原稿を書きながら何十年も前の経験であるが、今更ながらに強くその苦痛を思い出すことができる。単語の綴りを何度も書くことにより英語の綴りを学習させたい、教科書の本文の暗記をすることによって英語の言い回しや文章の構造を学習者にしみこませたい、といった教師の狙いは今なら理解ができるが、その頃はただただ単調な作業を「苦痛」としてしか感じなかった。また、英語という言語ツールを実際に使用し、誰かと意思疎通を図るといった事からかけ離れたようにみられるこれらの作業を強いられることで、英語を学習することはつまらないものと私は学習してしまった。この3つの経験が「学習意欲の減退要因」の例である。

　こういった減退要因の経験から英語学習に対しての学習意欲を私はしばらくの間なくしていた。その後、私の場合は運よく英語の読解の面白さやコミュニケーションのツールとして使うことの面白さなどの、学習意欲を高める要因を経験した。しかしながら、日本人英語学習者の多くはなかなかそういった学習意欲を高める要因を経験することなく、学習意欲の減退要因ばかりを経験していることが多いのかもしれない。そういった学習者は英語学習に対してやる気の少ない状態ともいえる学習意欲減退(demotivation)、あるいは無動機(amotivation)の状態になってしまうこともありうる。

　ここで、いままでに挙げてきた用語を、Kikuchi (2014) に基づいた以下の図で整理してよう。図の中央に円で描いたのが学習者のやる気の一時的状態(learner's state of motivation)である。学習者は学習意欲を高めるような高揚要因(motivators)を経験し、やる気が高まり、(motivating)、やる気になった状態(motivated)になることがある一方、学習意欲減退要因(demotivators)を経験し、やる気が低められ(demotivating)、やる気のない状態(demotivated)になることもある。なかには無動機といわれるやる気が全くない状態(amotivation)に陥る学習者もいるであろう。

　先ほども述べたとおり、本書で主に着目するのは、このうちの学習意欲の減退要因(demotivators)である。筆者が行ってきた日本人英語学習者に基づく研究成果や国内外で行われた先行研究に触れながら、1.1. で述べたように外

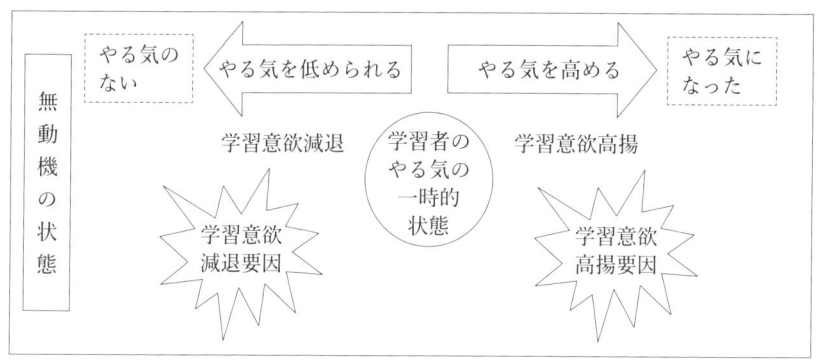

図 1.1　学習意欲減退要因の概念と学習意欲を高める要因との関連性（Kikuchi, 2014）

国語学習意欲の減退要因に関して探究を行い、また学習意欲の低い学習者を扱う現場の教員の教育実践への何かしらのヒントを与えることを考えたい。

1.3.　本書の構成

　第 1 章では、学習意欲の減退要因という本書で中心に扱う研究概念に関して定義づけを行った。以下に第 2 章以降の本書の構成を述べる。まず第 2 章では、動機づけに関する諸理論に関する概観を行う。心理学で扱われてきた主要理論や、第 2 言語習得の研究分野で今まで扱われてきた理論を、まずこの章で振り返る。次に第 3 章では、学習意欲減退要因とそれらの諸理論との関連性に関して検討を行う。そして、第 4 章で国内外における主要な英語学習における学習意欲減退要因の先行研究の整理を行った後、第 5 章から 7 章では、筆者が行ってきた量および質的研究例を紹介する。第 8 章では、教師がどのように学習意欲減退要因に配慮を行った教育実践が行えるかの議論を行う。最後に、第 9 章で外国語学習における学習意欲減退要因に関する今後の研究に関する展望を述べるものとする。

第 2 章　動機づけに関する理論の概観

2.1. はじめに

　本章では、動機づけに関する幾つかの主要理論をとりあげ、いままでの研究の流れを概観する。Dörnyei (2005) は、今までの言語学習モチベーション研究の歴史を振り返り、3 つの局面 (social-psychological period, cognitive-situated period, process-oriented period) に分けられるとした。本章では、それに基づき、まず、1960 年代から 80 年代までを社会心理学的アプローチの時代 (social-psychological period)、1990 年代を教育心理学的アプローチの時代 (cognitive-situated period) とし、2000 年以降を過程・プロセスに着目した時代 (process-oriented period) として、様々なモチベーション理論をまとめていく。そして、最後に現在の流れとして、Dörnyei and Ushioda (2011) によって加えられた、社会的・動的アプローチの時代 (socio-dynamic period) をとりあげ、次章で学習意欲減退要因との関連性を議論する際の基としたい。

2.2. 社会心理学的アプローチの時代

　言語学習モチベーションの研究の草分け的存在として最も有名なのは、カナダ人の社会心理学者 Robert Gardner であるといえよう。その、Gardner の構築した理論である第 2 言語習得における Socio-educational model の中で、その後の研究に多大な影響を与えた概念は Integrative motivation (統合的動機づけ) と Instrumental motivation (道具的動機づけ) の 2 つとされている。

そして、これらを日本の英語教育環境に適用すると、統合的動機づけは、「英語という言語、英語を母語とする人々、英語母語話者の文化や行動様式などに興味や関心があり、積極的に受け入れ、その集団と一体化したいと思う心理的欲求（白畑 他，2009, p. 198）」となり、道具的動機づけは、「英語を学習することによって、功利的目的（例：社会的成功・大学入試での合格）を達成したいと思う心理的欲求（白畑 他，2009, p. 198）」と定義づけすることができるであろう。

ところで、Gardner 自身の socio-educational model の主要要素には、Instrumental motivation（道具的動機づけ）という記述は含まれていない。以下の図 2.1 をご覧頂きたい。

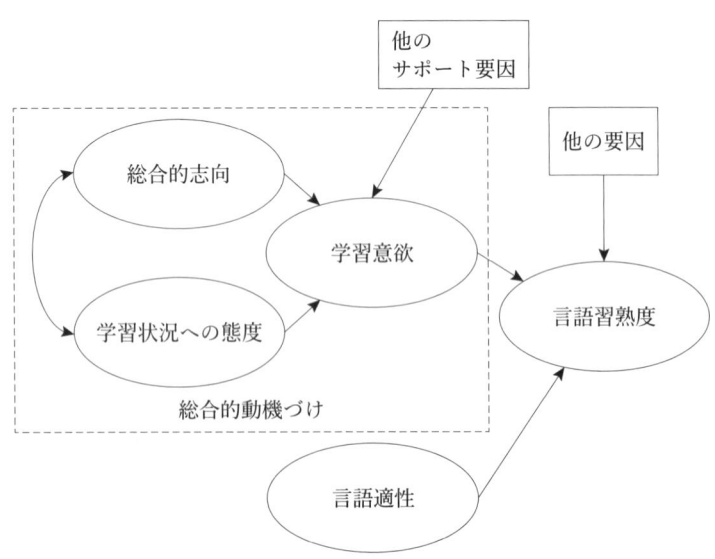

図 2.1 Gardner の Socio-educational model（Gardner, 2001, p. 5 に基づく）

このモデルの中で Gardner は道具的動機づけを「他のサポート要因」とされているものの一部として扱っているが、モデルの主要要素としてはみていなかったのである。

さて、もうひとつの Gardner の大きな貢献は Attitude/Motivation Test Battery（AMTB）と呼ばれる質問紙の開発である。この質問紙は、Attitude/

Motivation Test Battery（AMTB）と呼ばれ、こちらも Gardner の研究上の大きな貢献とされている。

　以下は AMTB の構成概念である。ここでは、構成概念がわかりやすく理解できるように、Gardner（2001, p. 8–9）に基づき、それぞれの質問紙のアイテムサンプルの日本語訳を付した。

統合的志向に関する概念
・統合的態度
　フランス系カナダ人の活動に自由に参加できるようになるために、フランス語を勉強することは重要である。
・外国語に対する興味
　英語でやっていくことができたとしても他の国に滞在することを計画しているのなら、その国の言葉を学ぶように努力を惜しまない。
・フランス語を話す話者に対する態度
　もしカナダがケベックのフランス文化を失うとすると、それは大きな損失である。
学習状況に対しての態度
・フランス語の教師への評価
　フランス語の教師がとても好きだ。
・フランス語の授業の評価
　今年履修しているようなフランス語上級クラスがあると知ったなら将来的にもっと履修するであろう。
モチベーションに対する概念
・モチベーションの強度
　ほとんど毎日学習することによってフランス語を保っている。
・フランス語を学ぶ欲求
　自分にとって習慣になるくらいフランス語を学習したい。
・フランス語を学ぶことに対する態度
　フランス語を学ぶことをとても楽しんでいる。

道具的動機づけ
・道具的志向
　よい就職をするために役立つと思うので、フランス語を学習することは自分にとってとても重要である。
言語不安
・フランス語の授業での不安
　フランス語の授業で自発的に答えることは自分にとって恥ずかしい。
・フランス語の使用での不安
　店で誰かにフランス語で話さなければならないと緊張する。

なお、以上の構成概念をみてわかるようにAMTBでは、統合的動機づけ、道具的動機づけに関しては、理由を聞いている。また、学習状況に関しての態度、言語不安といった学習者の実際の学習に影響する要素に関しても、質問紙の構成概念としている。ただ、130項目以上と非常に多くの質問項目から構成されており、この質問紙の項目一つひとつに答えていく研究参加者への負担は否めないといえよう。その一方、後にとりあげるが、こうしたAMTBの構成概念は後々の研究に多くの影響を与えた。

2.3. 教育心理学的アプローチの時代

　本節では、1990年代以降の教育心理学的アプローチの時代の研究の流れに触れる。Dörnyei (2005) に倣い、自己決定理論 (Deci & Ryan, 1985, 2002) と原因帰属理論 (Weiner, 1992) の2つの理論を紹介する。特にこの2つの理論は本書のテーマである学習意欲の減退要因にも深く関連する理論であり、この節に基づき、後の章で議論をしたい。

2.3.1. 自己決定理論

　櫻井 (2011, p. 47) は、自己決定理論 (Deci & Ryan, 1985; Ryan & Deci, 2002) が提唱している5つのミニ理論の概要を以下のようにまとめている。

認知的評価理論
内発的動機づけに関する理論。環境要因（報酬が典型例）によって内発的動機づけがどのように変化するかを理論化した。もっとも初期の理論。

有機的統合理論
外発的動機づけに関する理論。外発的動機づけ（広くは無動機づけ―外発的動機づけ―内発的動機づけ）を自律性の程度によって分類した。自律性の高い動機づけのほうが、パフォーマンスや精神的健康において優れているとされている。

因果志向性理論
動機づけに関するパーソナリティ理論。無動機づけ（無気力）、典型的な外発的動機づけ、自律的動機づけ（一部の外発的動機づけと内発的動機づけ）を、三種類のパーソナリティ（あるいは特性）として理論化した。

基本的心理欲求理論
動機づけに関する欲求理論。もっとも基礎的な理論。人間の基本的心理欲求として、関係性の欲求、有能さへの欲求、自律性の欲求を想定し、これらが充足されると人間は自己実現し、健康で幸せに生きられるとした。

目標内容理論
動機づけに関する目標理論。人生（将来）目標を、内発的人生目標と外発的人生目標にわけ、内発的人生目標を中心にすえ、その達成に向けて努力することが自己実現、健康、幸福につながるとした。基本的心理欲求理論の応用編。

この5つのミニ理論の中で、特に有機的統合理論や基本的心理欲求理論の記述をみると、いくつかのキーワードが繰り返されていることに気がつくだろう。それらは、内発的動機づけ、外発的動機づけ、自律性の3つである。この3語の意味に関して APA Dictionary of Psychology (2007) によると、内発的動機づけは、授業の単位のようなある特定の活動に従事することによって得られる外的な利益ではなく、勉強している科目への真の興味などといった活動それ自体から引き出される動機づけであり、対照的に外発的動機づけ

は、試験に落ちることへの恐れのために勉強するといった行動に見られるような、罪や報酬を予測することで起こる動機づけである。また、自律性とは、個人、集団、社会が自立して自己決定のなされた状態と定義されている。

　ここで、少しこの3語に関して例を用いて考えてみよう。ある大学1年生の陽子が、必修の英語の授業を履修しているとする。陽子が、高校生のときに英語が好きになり、興味・関心を持って英語の授業を履修しているとすれば、彼女は内発的動機づけが高いといえよう。しかしながら、必修の授業であることもあり、単位を落とすと怖いと感じていたら外発動機づけが優勢な状態にあると考えられる。更に、英語の授業を受け、英語力を伸ばせば就職に役立つといった、履修することから得られる報酬によって学習をしているとすれば、内発動機づけと同時に外発的動機づけがなされているといえよう。また、周りの友達が、必修の英語の授業であることもあり、「適当にやっていればいい」といった姿勢で授業を履修していたとしても、陽子は出された課題はきちんとこなし、授業にも毎回積極的に参加しているとする。この場合、周りに流されず自らいつでも意欲を持って学習に取り組んでいることから、自律性が高い状態であるといえる。

　もし、この陽子のような学習者ばかりであれば、授業を担当する英語教員もずいぶん恵まれているであろう。しかしながら、現実の世界では様々な学習者が教室内に存在し、教員は工夫をしてそれぞれの受講者の興味・関心をひきつけて授業を展開していかなければならない。つまり、受講生の中には、必修授業で卒業のために単位が必要だからといった理由でやらされている、仕方なく受講している、といったように、本人の置かれている環境条件によって「他律的」になっている学習者も少なからずいると予想されるからである。

　自己決定理論の興味深い点の1つは、「外発的動機づけが他律的なものから自己決定的なものに変化していく段階や過程（鹿毛，2013, p.192）」に注目しているところである。その過程に関してさきほどとりあげた5つのミニ理論のうちの1つ、有機的統合理論では以下のように動機づけのタイプ

を図 2.2 のような連続体・プロセスであると捉えている。

　このプロセスは「おもに社会的な価値を自分のものにしていく内在化（櫻井，2009, p. 101）」として捉えられ、それは「当人が自らの行動を調整する主体として位置づけられて自己の感覚を起源として行為が生じるプロセスである（鹿毛，2013, p. 192）」とも表現できる。英語の学習を例にとれば、図 2.2 の一番下に表したように、やりたいと思わないという、動機づけされていない状況（非動機づけ）から、親に言われるから仕方なく勉強する、あるいは単位のために外的な報酬などで調整された状態（外的調整）、外的な調整を自己に内在化してきているが、十分に取り入れられていなく、友人にばかにされるのが嫌だから、勉強をやらないと不安だからなどと感じている状態（取り入れ的調整）といった状況が考えられる。価値の内在化がすすみ、自己決定が進んだ状況になると、重要性や価値を知覚し、英語は将来に必要だからといった価値が受容されている状態（同一化的調整）、そして自分が持っている価値や欲求とそれらの価値や規範が調和してなんの違和感もなくやりたいと思って英語を勉強するといった状態（統合的調整）へと移行してゆく。また、右端の内発的動機づけの状態に至れば、学習自体が面白いから・好きだから、みずから勉強するという、高いレベルでの自己決定的な状態となる。

　それでは、この自己決定理論枠組みを用いた場合、どのような研究が考え

非動機づけ	外発的動機づけ				内発的動機づけ
調整なし	外的調整	取り入れ的調整	同一化的調整	統合的調整	内発的調整
自己決定的でない		やや自己決定的	ほぼ自己決定的	とても自己決定的	
やりたいと思わない	親に言われるから仕方なく・単位のため	友人にばかにされるのが嫌だから	将来のために必要だから	違和感なくやりたいと思うから	おもしろい・興味がある・好きだから

図 2.2　有機的統合理論における自己決定連続体のモデル
（Reeve, Deci & Ryan, 2004; 鹿毛, 2013; 櫻井, 2009 に基づき作成）

られるだろうか。例えば、Noels, Clément, and Pelletier (1999) は、以下のような質問紙項目を使って教員の学習者の自律を促すようなコミュニケーションスタイルと、学習者の外的・内的動機づけ志向性に関して78名のフランス語学習者に調査をした。その結果、教員がより強制的で学習者に対してのフィードバックが少なめであれば、学習者の内的動機づけは低いことを検証した。

非動機づけ (*Amotivation*)
 1. 正直自分がどうして第2言語を勉強しているかわからないし、どうでもよい。
 2. 正直自分が第2言語を学んでいることは本当に時間の無駄だと考える。
 3. 第2言語を学ぶといったことをやっているのが理解できない。

外的調整 (*External Regulation*)
 1. 期待されているという印象を持っているからだ。
 2. 後々、より名声のある仕事を得るためだ。
 3. よりよい仕事を後に得るためだ。

取り入れ的調整 (*Introjected Regulation*)
 1. 第2言語を話せるので自分はよい人だと自分自身に証明するため。
 2. 第2言語のコミュニティー出身の自分の友達に彼らの母語で話すことができなければ恥ずかしいから。
 3. もし第2言語を知らなければやましい思いを感じるから。

同一化的調整 (*Identified Regulation*)
 1. 自分が1言語以上を話せる人のようになることを選択するから。
 2. 自分の個人的成長のためによいと思うから。
 3. 第2言語を話せる人になることを選択するから。

知識による内発的動機づけ (*Intrinsic Motivation — Knowledge*)
 1. 第2言語集団の文学に関してもっと知ることを経験して楽しみたいから。
 2. 新しいことを発見することで得られる満足感から。

3. 第2言語のコミュニティーや彼らの生活様式に関しての知識を得られるという感覚が楽しいから。

達成感による内発的動機づけ (*Intrinsic Motivation — Accomplishment*)
1. 第2言語学習で自分自身を超えているという経験をすることの楽しさから。
2. 自分が第2言語で難しい概念を理解しているときに経験する楽しさから。
3. 自分が第2言語で難しい課題をやり遂げようとしているときに感じる満足感から。

刺激による内発的動機づけ (*Intrinsic Motivation — Stimulation*)
1. 外国語が話されているのを聞くときの高揚感から。
2. 第2言語を話しているときに経験する高揚感から。
3. 第2言語の母語話者が話す言語を聞くときに得られる楽しさから。

なお、自己決定理論を援用し、学習者のモチベーションを質問紙によって測る調査は国内でも多くの研究者によって実施されている（例 廣森，2003; 田中，2013）。

2.3.2. 原因帰属理論

原因帰属とは、「人が『なぜ？』と問い、その結果、『〇〇が原因だ』と推測、判断する思考プロセスを指す（鹿毛，2013, p. 82）」。そして、私たちは日常的に常に何気なくこういった思考をしていると考えられる。例えば、学期末に近くなり、いつも欠席がちで受動的だった学生が、大学での英語の授業にきちんと参加し、授業後にも突然鋭い質問をしてきたとする。そこで教員は「あぁ、この授業の単位がほしいから何かしらのアピールをしてきているのだろう。」という考えを持つかもしれない。あるいは、もっと日常的な例では、8両編成の通勤電車でいつも混んでいる車両があり、なぜこんなに混むのだろうかと思うこともあるかもしれない。そこで、駅ごとの乗降客を観察し、乗降に便利な位置にある車両であることに気づき、それが原因だと

推測する人もいるだろう。この2つの例からみてとれるように、私たちは日々自分の周りの環境を理解するため、様々な推測をし、何かしらの判断をしている生き物であるといえよう。

原因帰属理論は Weiner (1986, 1992) によって提唱された理論で、2つの前提に基づいているとされている (Schunk, Pintrich, & Meece, 2008)。1つは個人は環境や自分自身に関して制御や理解をしたいという目標によって動機づけられているという考え方で、もう1つは、個人は環境を理解しようとしている単純な科学者で特に自分の行動や他人の行動の原因となる決定要素を特に理解しようとしているという考え方である。

また、原因帰属理論では個人が行動の原因となる決定要素に関しての推測をするために様々な情報を使っていると考える (Schunk, Pintrich, & Meece, 2008)。そういった情報は環境要因と個人要因に大別され、原因帰属プロセスに影響を与える。入学試験での合否を例にとってみよう。受験者は「試験会場で暖房が効きすぎていて暑かった」「試験問題が過去問と比べると長かった」などといった環境要因や「自分はテストが苦手だ」といった個人差、「この入試の倍率は10倍だ」といった先行知識を個人要因として認識する。その上で、課題の困難さ、気分、疲労、運、能力といった原因を知覚していくのだ。ただし、鹿毛(2013)も指摘するとおり、このプロセスはあくまでも主観的なものであり、時に私たちは、誤った帰属に導いてしまいがちな信念をもってしまう。そういった信念は帰属バイアスと呼ばれており、例えば、他者の行動をその他者の気質・特性に帰属する一方、自分自身の行動は環境や状況に帰属したり、成功に対する責任は受け入れるが、失敗に対する責任を否定したりする(鹿毛, 2013, p. 87)のである。

上淵(2012)は、Weiner の原因帰属理論を以下のような表でまとめている。

表 2.1　原因帰属理論の 3 次元(上淵, 2012, p. 67 に基づく)

原因の位置	統制可能		統制不可能	
	安定	不安定	安定	不安定
内的	普段の努力	一時的な努力	能力	気分
外的	教師の偏見	他者の日常的でない努力	課題の困難度	運

この表に整理されているように、Weiner の理論では、原因を 3 つの次元（位置、統制可能性、安定性）で捉えている。まず原因は、個人内か個人外の原因かに分けられる。そして、統制可能か不可能か、また安定しているか不安定な原因か、という要素で分けられる。例えば、テストの成功や失敗を考えてみよう。その行動の成功や失敗をテストの受験者は様々な原因のせいにする。そうした原因の性質を以上のような 3 つの次元によって分けることが可能である。

こういった理論的枠組みは、以下のような外国語学習に関しての研究でも応用されている。Ushioda (2001) は、モチベーションをうまく高めている学習者とのインタビューの中で、第 2 言語での成功を自分の能力やその他の内的要因に帰属しており、経験しなかった、目標言語を使用する環境に触れる機会がなかったなどを一時的な理由に帰属している、との知見を得た。また、Williams and Burden (1999) は、異なる年齢層のインタビューから、10 歳から 12 歳の学習者は、自分の成功の理由を人の話を良く聞き、集中することに帰属し、それ以上の年齢の学習者は、能力、授業のレベル、状況やその他の影響に帰属していたと報告していた。Ushioda (2001) の研究は、原因帰属理論の理論を、第 2 言語習得に応用できることを示唆している。またWilliams and Burden (1999) ではそういった帰属パターンが年齢層によっても異なるということを知見として得た、という点で興味深い。

2.4. 過程・プロセスに着目した時代

このように、様々な知見の蓄積が行われてきた社会心理学的アプローチや教育心理学的アプローチであるが、2000 年代以降は、日々、教室内で変化する学習者のモチベーションをうまく捉えられないという議論がおこった。そして、言語学習モチベーションの分野では、動機づけを静的なものではなく動的で変化し続けるものだという考えが方が広まっていった。本節ではそういった動的な動機づけのプロセスをモデル化した Dörnyei & Otto (1998) のモデルをみてみよう。以下に Dörnyei (2001, p. 22) に基づき、彼らのモデ

ルの要素をまとめた。なお、訳語に関してはドルニェイ（2005）を参考にした。

活動前段階：選択動機づけ
- 目標設定
- 意志の形成
- 行動の開始

影響を受ける要因
- 多様な目標特性（目標の適切さ、具体性、近接性など）
- L2 とその話者に対する態度
- 成功への期待と知覚している対処能力
- 学習者信念とストラテジー
- 周囲の支援もしくは妨害

活動段階：実行動機づけ
- 小課題の作成と実行
- （自己成果の）同時進行的評価
- 活動のコントロール（自己調整）

影響を受ける要因
- 学習体験の質（楽しみ、ニーズの重要度、対処能力、自己及び社会的心象）
- 自律感
- 教師と親の影響
- 教室内の報酬と目標構造（例：競争的／共同的ゴール）
- 学習者集団の影響
- 自己調整ストラテジーの知識とその使用（例：目標設定、学習ストラテジー、自己動機づけストラテジーなど）

活動後段階：動機づけを高める振り返り
- ➢ 原因帰属の形成
- ➢ 基準やストラテジーの修正
- ➢ 意図の放棄と新たな計画

影響を受ける要因
- ➢ 帰属の要因（例：帰属の様式と偏り）
- ➢ 自己概念に関する信念（例：自信や自己評価）
- ➢ フィードバック、称賛、成績評点

　上記からわかるように、Dörnyei & Otto (1998) のモデルでは、動機づけのプロセスを活動前段階・活動段階・活動後段階の3段階に分けている。活動前段階においては学習者は希望や願望、機会といった要因を踏まえて目標設定を行い、その目標に対し、意図を形成する。その後、意図の実現を開始し、活動開始への衝動や刺激を受け、活動段階へと移行する。活動段階では、小課題の形成や実行から始まり、活動をコントロールしたり、評価したりしながら活動を行う。そして、活動の修正や継続、もしくは目標の修正を経て、活動の成果を得る。その後、目標の達成、活動の終了を経て、活動後段階へと入る。この最終段階では、自らの活動を振り返るための基準や方略を十分に練ったり、もともと持っていた意図を捨て去り、将来のプランニングを行ったり、原因帰属の形成を行う。

　このようなモデルは動機づけのプロセスを活動前、活動中、そして活動後に分け、どのようなことを学習者が行うかをモデル化している点で、とても興味深い。また、Dörnyei は、このモデルに基づき、言語教師が教室指導において使える方略 (Motivational Strategies) をリスト化している。その Motivational Strategies に関しては第8章で扱うこととする。

2.5. 社会的・動的アプローチの時代

　2011年に出版された Dörnyei and Ushioda (2011) では、言語学習モチベー

ションの研究は、社会的・動的アプローチ（socio-dynamic perspectives）へと現在流れているとしていた。本節では、Dörnyei and Ushioda (2011) に基づき、現在、そして今後のモチベーション研究の流れに関して触れる。まず、社会的・動的アプローチとはどんな見方なのだろうか。Ryan (2012) は以下のように述べている。

> Clearly influenced by sociocultural theory, many motivation researchers no longer regard context as external to the individual, but rather their concern is to explore the dynamic interactions between that context and the individual. (p. 494)

このアプローチでは、社会文化的アプローチの影響を受け、環境を、学習者にとって外的なものとは捉えずに、学習者と個人がダイナミックに相互的に影響しあうものと捉え、その相互関係を研究対象としている。Dörnyei and Ushioda (2011) は、Ushioda (2009) の動機づけを、ある状況下にある個人との相関関係の視点から捉えるアプローチ（A person-in-context relational view of motivation）、Dörnyei (2005) の第2言語学習における動機づけのセルフシステム（L2 Motivational Self System）を応用したアプローチ、Dörnyei (2009) の動的な系の視点からモチベーションを捉えるアプローチ（Motivation from a Dynamic systems perspective）の3つの理論を紹介している。本節では、Dörnyei and Ushioda (2011) の記述に基づき、この3つの理論を概観してみよう。

2.5.1. 動機づけをある状況下にある個人との相関関係の視点から捉えるアプローチ

Ushioda (2009) はモチベーション研究において、学習者を複雑な環境と相関的に反応しあう一個人として捉える視点が重要であると指摘している。

> a focus on real persons, rather than on learners as theoretical abstractions; a

focus on the agency of the individual person as a thinking, feeling human being, with an identity, a personality, a unique history and background, a person with goals, motives and intentions; a focus on the interaction between this self-reflective intentional agent, and the fluid and complex system of social relations, activities, experiences and multiple micro- and macro-contexts in which the person is embedded, moves, and is inherently part of. (p. 220)

例えば、ある大学に通う奈々という女子大学生のモチベーションを研究する場合、この視点からモチベーションを捉えると、奈々がどんな目標、動機、意図を持っているのか、どんなアイデンティティを持ち、どんな性格で、どんな環境で育ってきたのかということに注目をする必要があるだろう。また、奈々がどんな家族関係、友人関係を持ち、どんな活動や経験を日々しているのか、そういった環境と相関的に影響しあっている存在なのだということも理解しなければいけない。ここで重要な点は、今までのモチベーション研究では、A（例：教員の教え方）がB（例：学習者のモチベーション）に影響をするといった線形（linear）の関係に注目してきたといえるが、Ushiodaのこの見方では、モチベーションの様相は、そのような単純な因果関係にはなく、AとBが相互に影響しあうものとして捉えられている。確かに、教員の教え方が履修している学生のモチベーションに影響をすることは間違いないが、逆に学生のモチベーションによって教員の教え方が変わっていくことも十分ありうることである。なお、この捉え方はUshiodaの博士論文（Ushioda, 1996）に基づいて提唱されたものであり、こういった捉え方の重要性に関しては多くの研究者たちが同意するものの、この理論に基づいた研究論文は、私の知る限り国際的学術雑誌に発表されてはいない。このことからも、この理論の実際の研究への応用の難しさが伺える。

2.5.2. 動機づけのセルフシステムを応用したアプローチ

　Dörnyei（2005）は、認知心理学で使われている可能自己（Possible self）の考

え方を応用し、理想自己（Ideal L2 self）、義務自己（Ought-to L2 self）、学習経験（L2 learning experience）の3つの要素からなるL2セルフシステムの理論を提唱した。この理論は、人の「こうありたい」と思う第2言語習得に関わる理想自己、「なりたくない・避けたい自分」にならないように「なるべき」だと考えている義務自己、そして学習者の学習環境や体験という学習経験の3つの側面に注目することが学習者の言語習得に関わるモチベーションを考える上で重要だとするものである。この理論の中心ともいえる理想自己に関して、MacIntyre, MacKinnon, and Clément (2009, p. 58) は以下のように指摘している。

> The expansive literature on integrative motivation can be a solid basis on which to build the literature on the L2 Motivational Self System, knowing that some key questions already have been answered… The strength of the concept of possible selves lies in its focus on the learner as applicable to education research contexts, its focus on who individuals plan to use language with apart from a specific cultural group, and its ability to integrate multiple, sometimes conflicting motives.

以上で言及されているように、今までのモチベーション理論の流れを踏まえ、統合的動機づけに相当する理想自己を研究概念として入れている点は、この理論の強みであろう。また、幾つかの研究（e.g., Islam, Lamb, & Chambers, 2013; Papi, 2010; Taguchi, Magid, & Papi, 2009）において、理想自己は、義務自己よりも強くモチベーションに影響すると論じられている。この理論に基づいた研究は、この理論が比較的わかりやすいためか、多く実施されており、この枠組みを応用した研究を集めた書籍も出版されている（e.g., Dörnyei & Ushioda, 2011; Csizer & Magid, 2014）。

2.5.3. 動的なシステムの視点からモチベーションを捉えるアプローチ

このアプローチは、de Bot, Lowie and Verspoor (2007), Ellis and Larsen-

Freeman(2006)やLarsen-Freeman and Cameron(2008)などの影響により、第2言語習得論の分野で注目されてきた複雑で動的なシステム(Complex Dynamic Systems)を、学習者のモチベーションを捉える際にも応用するべきだとする考え方で、昨今注目が高まっている(Dörnyei, 2009, 2014; Dörnyei, MacIntyre, and Henry, 2014)。

　新多・馬場(2014)によると、学習者は、「ある種の関係性や規則性を持った様々な要素から構成されるまとまり(p. 52)」であるシステム(系)の中におり、周りの友人、クラス、学校などの異なるレベルのシステムの様々な要素の構成は互いに影響をしあっているとされている。また、このシステムは、時間の経過と共に変化をしていくという点で動的である。さらに、新多・馬場(2014, p. 53)は、動機づけも「環境から切り離されてあるのではなく、生徒それぞれの持つ様々な条件との相互作用」から発生しており、また「他の様々な要因に影響され、時間の経過と共に変化していく、複雑なシステム」として捉えることができると述べている。

　動機づけというプロセスを今までのように固定的に捉えるのでなく、動的に捉えるべきであるという理論的枠組みのシフトの中で今後この捉え方をしたモチベーションの研究は増えていくことが予想されるが、2.5.1. でとりあげたUshiodaの"A person-in-context relational view of motivation"と同様、研究アプローチが定まりにくく、今のところ萌芽期にあるといえる。

2.6.　本章のまとめ

　本章では、Dörnyei(2005)に基づき、今までの言語学習モチベーション研究の歴史を振り返り、3つの局面(social-psychological period, cognitive-situated period, process-oriented period)に分け、それぞれの局面で注目されてきた幾つかの主要な理論に関して文献のレビューを行った。その後、前節ではDörnyei and Ushioda(2011)により加えられた今後の言語学習モチベーションの方向性ともいえるsocio-dynamic periodに関しても触れた。次章ではこれらの主要な理論と学習意欲の減退要因との関連性に関して述べていく。

第 3 章　動機づけの理論と学習意欲減退

3.1.　はじめに

　前章では、主要な動機づけアプローチについて、1960 年代から 80 年代における社会心理学的アプローチ、90 年代の教育心理学的アプローチ、2000 年からの過程・プロセスに着目したアプローチ、および社会的・動的アプローチの 4 つに分けて概観した。本章では、それぞれのアプローチからみた学習意欲の減退に関して議論をすすめたい。

3.2.　社会心理学的アプローチと学習意欲減退

　それでは、まず 2.2. でとりあげた社会心理学的アプローチの代表的研究、Robert Gardner の socio-educational model と学習意欲減退との関連について考えてみよう。図 2.1 に示したように、Gardner は統合的態度や学習状況への態度が他のサポート要因と共に学習意欲に影響を与えると考えている。そして、それらが統合的動機づけとして働き、言語習熟度に影響をするとしている。この点について学習意欲減退という観点から検討をすると、それぞれの構成概念が何であるのか、また、統合的志向や学習状況への態度にネガティブに働く要因にはどのようなものがあるかを探求することとなろう。その探究の方法としては例えば、2.2. で示した AMTB の構成概念に基づいた調査票を用いて、統合的態度や外国語に対する興味、目標言語を話す話者に対する態度、目標言語の教師への評価や授業の評価が低い学習者を特定す

る。次に、その学習者にインタビューをするなどしてその理由を探るといったことが考えられる。2.2. でも述べたとおり、Gardner の概念では、主に目標言語文化や話者への態度が学習状況への態度とともに学習意欲に及ぼす影響が注目されている。そこで学習意欲減退に関して考慮するならば、目標言語文化やその目標を話す人々への好意的な態度のなさや学習状況への否定的な態度がどのように学習意欲にネガティブに影響するかを調査することができよう。昨今、特に外国語としての英語教育の文脈では特定の目標言語グループに対しての統合的動機づけという概念が受け入れられにくくなってきているが、2.2. に示した AMTB の構成概念を細かくみてみると、今後の学習意欲減退要因に関しての新たな方向性のヒントとなる部分が多々あるであろう。

3.3. 教育心理学的アプローチと学習意欲減退

本節では、2.3. でとりあげた自己決定理論、原因帰属理論と学習意欲減退との関係について議論を行う。まず、自己決定理論に関しては、学習意欲減退との関係を研究する上で1つのアプローチが考えられる。外発的動機づけがより自己決定的な内発的動機づけに変化していくという点に着目をした場合、なぜ外的調整の状態から取り入れ的調整、同一化的調整、統合的調整へと学習者の動機づけが変化していかないのか、その阻害要因を探求することが考えられる。理論的枠組みからいえば、外発的報酬やインセンティブが影響しているといえるかもしれないが、なぜ自律的・内発的動機づけをされないのかその阻害要因を探求する、ということは興味深い研究テーマといえる。

2.3.1. の自己決定理論に関しての節で、Noels, Clément, and Pelletier (1999) の質問紙項目例をとりあげた。例えば、年度始めと年度の終わりに、英語の授業を履修している学習者に対して上記の質問紙調査を実施するとしよう。その結果を学習動機減退の研究へと適用するのであれば、特に内発的動機づけに関して低くなっていると判断される学習者について、その減退要因を調

査することとなるであろう。1学期に渡る授業の中での何かしらの教育介入が内発的動機づけを高めるという研究は時折みるが、逆に授業の中で内発的動機づけが低まった学習者を特定し、その学習者の学習動機減退要因を探るという調査は今のところあまり注目されていないようである。その点において、興味深い研究課題といえる。

　一方、原因帰属理論とも関連するのだが、学習動機減退要因について分析をする場合に、テストの点数が思わしくないなどの、ある結果の原因を探求する場合、学習者の能力のなさといった統制不可能な要因に帰結することは望ましくない。むしろ、努力をしなかったなどの、統制可能な要因に帰属する必要があるであろう。このように、原因帰属の分析を誤ると、学習意欲の減退要因となってしまう恐れがあるため、注意が必要である。

3.4.　過程・プロセスに着目したアプローチと学習意欲減退要因

　2.4. で扱った Dörnyei and Otto (1998) のモデルに基づき、本節では活動前、活動段階、活動後の3つの段階での学習意欲減退要因の研究が可能であるかについて考えていこう。まず、Dörnyei and Otto (1998) のモデルではそれぞれの段階でどのような影響を受ける要因がありうるかについて、リスト化している。その要因として例えば、活動前では自らの目標、信念、成功への期待、活動中には自分の自律感や教室内での報酬、目標構造、そして活動後には自分の原因帰属の偏り、自己評価、教師からのフィードバックなどである。そして、これらの要因が、それぞれの段階で学習者にどのような影響をあたえるのかを分析することが考えられる。第2章でみてきたように、今までの研究では、教師や周りの学習者集団が、学習意欲減退要因として学習者にネガティブに働くことがあるということはわかってきた。しかしながら、さきほどあげたような、学習者の心的要因に強く関わる要因に関しては注目されていない。また、大学において前期授業開始時、その半ば、前期終了時などの3つの段階に分けて、どのような学習意欲減退要因が学生たち

に影響しているのかといった研究も興味深い。Dörnyei and Otto (1998) のモデルの枠組みに基づいた、異なる段階での学習意欲減退要因の研究は今まであまりなされてきていないが、教育現場に配慮した研究の枠組みとしてきわめて実用性のあるものだと考えられる。また、次節で扱う社会的・動的視点も加えると、更なる理論上の発展も期待されるであろう。

3.5. 社会的・動的アプローチと学習意欲減退要因

　2.5. で扱った3つの理論は、Dörnyei (2005) による動機づけのL2セルフシステム理論とその他の環境と学習者間の動的・相関的関係を調査対象としたUshioda (2009) およびDörnyei (2009, 2014) による理論に分けられる。本節では、それぞれの理論に分けて考察を行う。

3.5.1. L2セルフシステムと学習意欲減退要因

　2.5.1. でとりあげたDörnyei (2005) のセルフシステムでは、理想自己 (Ideal L2 self)、義務自己 (Ought-to L2 self)、学習経験 (L2 learning experience) の3つに分けて、動機づけに影響を与える要素を整理した。また、その理論的概念に基づいたMotivation Questionnaireと呼ばれる質問紙も開発されている (Taguchi, Magid, and Papi, 2009)。この質問紙は①動機づけ②理想自己③義務的自己④英語学習に対する態度⑤文化に関する興味⑥目標言語のコミュニティーに対する態度⑦道具的―接近⑧道具的―回避の8要素に関して各4-5項目設けた計35項目からなるもので、ペルシア語・中国語・日本語・英語による4バージョンが存在する。例えば、このL2セルフシステムと学習意欲減退要因の関連を調べる場合、こういった質問紙を用い、学習者の理想自己や義務自己について、前節3.4. でとりあげたように、学期始め、学期中、学期終了時にどのように変化するかを調査する。そしてその結果、理想自己や義務自己がネガティブに変化している時期を特定し、その時期にどのような要因が影響を与えているかを調べることが、1つの研究アプローチとして考えられる。また、そういった阻害要因と学習者の相関関係を長い時間軸の

中でダイナミックに捉えることで、次節で扱う環境と学習者間の動的・相関的関係視点も取り入れることができるだろう。

3.5.2. 環境と学習者間の動的・相関的関係と学習意欲減退要因

　Ushioda（2009）の"A person-in-context relational view of motivation"や、Dörnyei（2009, 2014）の"Motivation from a dynamic systems perspective"では、環境と学習者が互いに影響しあうものとして捉えられ、またモチベーションは時間を経て常に変化していくものとして考えられている。この、理論的枠組みの中で、学習意欲減退要因を捉えるとするならば、Dörnyei（2014）が提唱するRetrodictive Qualitative Modeling（RQM）という研究アプローチの応用が考えられよう。この点についてDörnyei（2014）は、

> instead of the usual forward-pointing 'pre-diction' in scientific research, we reverse the order of things and pursue 'retro-diction': by tracing back the reasons why the system has ended up with a particular outcome option we produce a retrospective qualitative model of its evolution. (p. 85)

と言及している。具体的には、教室内での生徒のタイプを見極め、それぞれのタイプの中で、典型的な代表例の学習者を特定しインタビューを実施し、顕著な要因やそれぞれの特徴的な変化を調査する、という3つのステップを提案している。このアイデアを基にして、学習意欲の減退要因を調査するとしてみよう。例えば、30人の大学1年生の英語クラスで調査を行う場合、まず、その30人を「いつもまじめに宿題をやってくるタイプ」「教室では必ず同じクラスメートと一番後ろに座り、できるだけ教員との距離を保つタイプ」「グループ・ワークになっても周りのクラスメートと協力できないタイプ」などの幾つかのタイプで分けられるかを見極める。そして、それぞれのタイプの学習者から1人ずつ選び出し、その学習者がどのようなシステムの中にいて、周りの友人、クラス、家庭などの異なるレベルのシステムでどのような経験をし、関わっているのかを調査する。そして、その結果か

ら、学習意欲の減退を促す要因を探求していくといった方法が考えられる。なお、Dörnyei, MacIntyre, and Henry (2014) では、外国語学習のモチベーションを Dynamic Systems の理論から分析した様々な研究が集められている。適宜、参照されたい。

3.6. まとめ

　本章では、動機づけの理論と学習意欲減退要因との関連性に関して論じてきた。第4章では、今までの先行研究のレビューを行うが、今までのところ、ほとんどの研究は動機づけの理論との関連性をつけずに、学習者のモチベーションに関わる周りの人々や環境などの外的要因に関して調査してきたといえよう。そして、第5章、第6章で扱う量的研究例はそういった分類に入るものである。それらの研究では Dörnyei (2001) の定義に基づき、どのような事柄がそれぞれ高校・大学での英語授業において学習者に学習意欲減退要因として認知されているかを調査した。なお、第7章では、L2セルフシステムと社会的・動的アプローチの観点を入れ、理論的枠組みとの関連を図っている。本章ではできるだけ今後の研究のためにそれぞれの動機づけ理論の枠組みを理解し、どのような研究が今後できるかを論じてきた。第5章から7章まで扱うさまざまな研究例とともに参考にしていただきたい。

第 4 章　学習意欲の減退要因に関する先行研究

4.1. 本章の流れ

　Dörnyei（2001）によって第 2 言語習得の分野に紹介された demotivation という学術用語の使用の経緯を調べると、アメリカ合衆国にて 1990 年代前半に盛んになり始めた instructional communication という分野に行き着く。McCroskey and McCroskey（2006）によれば教育におけるコミュニケーション（communication in instruction）といった意味となる instructional communication というこの用語には日本語の定訳がないため、本書では「教育におけるコミュニケーション」としておく。この研究分野は、教育学、教育心理学、コミュニケーションの 3 つの分野にまたがる学際的領域（Mottet & Beeebe, 2006）であり、主にコミュニケーション学を専門とする研究者たちが、教育におけるコミュニケーションに関してアメリカ合衆国を中心に研究をしている。

　この分野では、教師の不適切な行動（teacher misbehavior）を含む教室内での学習意欲の様々な減退要因に関して本書に関連する興味深い一連の研究（Christophel & Gorham, 1995; Gorham & Christophel, 1992; Gorham & Millette, 1997; Kearney, Plax, Hays, and Ivey, 1991）などが行われてきた。本章ではまずこの instructional communication の分野で行われてきた流れの研究を次節で概観する。次に、日本以外の文脈における第 2 言語学習での学習意欲減退に関して、先行研究のレビューを行う。その上で、日本国内の先行研究を概観し、どのように日本人英語学習者の学習意欲減退の研究が行われて

いるのかを紹介する。

4.2. 教室でのコミュニケーションにおける学習意欲の減退要因の研究

　Gorham and Christophel（1992）は、北米の大学で学んでいる308名の学部生に対してどのような事柄が学習意欲の高揚につながるか、また減退につながるかという質問紙調査を実施した。具体的には、学生たちは、答えている授業の1つ前に出席していた授業を思い出し、授業のどの側面が学習意欲の高揚もしくは減退につながったかを質問紙によって尋ねられた。この調査の結果、学習意欲の減退要因に関しては583件の記述があった。そのうちの169件（29%）が環境（Context）に関するものであり、216件（37%）が授業の構造（Structure/format）に関してのものであった。また、教師に関してのものは、198件（34%）みられた。なお、カテゴリー化できない言及は17件であった。Gorham and Christophel（1992）は、授業の環境（Context）カテゴリーに分けられた学習意欲の減退要因は学習者に起因するものであるが、授業の構造（Structure/format）や教師（Teacher）のカテゴリーに分けられた学習意欲の減退要因は間接的・直接的に教員に起因したものであると論じた。次の表4.1はそれらのカテゴリーや言及内容を日本語でまとめたものである。それぞれの言及内容の後には、言及数を（n = X）の形で示してある。

　この質問紙による調査で、直接的・間接的に教師の行動が学生の学習意欲減退要因として認識されていることがよくわかる。なお、Gorham and Christophel（1992）は、この研究の結論として"motivation is perceived by students as a student-owned state, while lack of motivation is perceived as a teacher-owned problem"（p. 250）と述べている。この引用からもわかるとおり、学生たちが自分たちのモチベーションのなさを教師の問題である、と認識していたとする主張はなかなか興味深い。原因帰属理論の観点に通じるものがあるが、学習者の失敗の原因帰属が教師のせいとされていたのである。この研究の後に実施された研究（Christophel & Gorham, 1995; Gorham & Millette,

表 4.1　学習意欲の減退要因のカテゴリー
（based on Gorham & Christophel, 1992, p. 244）

学習意欲の減退要因のカテゴリー

環境（Context）
1. 科目内容が嫌い、退屈、冗長、難しすぎる、関連性が見出せない。（n = 100）
2. 授業の時間帯、長さ、やりがいのなさ、個人的な退屈さ、自分の健康問題（n = 58）
3. 授業以外にも多くの要求がある（n = 22）
4. 必修ではない、及第か落第しかない（n =17）

授業の構造（Structure/format）
1. 評価や課題に関する不満、不明瞭な指示、無関係な課題、評価が厳しすぎる・甘すぎる（n = 137）
2. 教材の一般的な構成（教科書と講義が一緒／無関係である、映像・音声に頼りすぎている、堅苦しすぎる、教材をわかりにくくしている）（n = 129）
3. 他の学生の行動（n = 21）
4. 物質的な教室環境（教室のサイズ、設備、魅力のない部屋）（n = 19）
5. 授業参加の機会がない、フィードバックや建設的な批評のなさ（n = 19）
6. 教科書（n = 5）

教師（Teacher）
1. 退屈である、精力的でない、教員が授業に退屈している、準備できていない、講義が系統だっていない、単調な話し方（n = 147）
2. 親しみやすくない、自己中心的である、利己的である、学生の質問に答えない、えこひいきをする、厳格である、恩着せがましい、口やかましい、学生を侮辱したり、子供のように扱う（n = 103）
3. ぱっとしない身体的風体（n = 34）
4. 言語障壁、話を理解するのが難しい（n = 25）
5. 話が本題からそれる、例によって話の要点を過剰にする（n = 23）
6. 見識のなさ、教室を管理できない、信頼性が低い（n = 23）
7. 無責任である（授業に現れない、授業が早く終わる）（n = 18）
8. オフィス・アワーがない、個人的に助けてくれない（n = 12）
9. 距離のある非言語行動（n = 8）
10. ユーモア感のなさ、気が短い、悲観的である（n = 6）

1997）でも、被験者の学生が、表4.1に示した3つのカテゴリーのうちの授業の構造や教師を学習意欲減退要因として捉える傾向は変わらなかった。これらの知見によりそれ以降の研究において、直接的・間接的な教師の行動が学生の学習意欲減退要因として注目されることとなったのである。

4.3. 学習意欲の減退要因としての教師の不適切な行動

先の節でとりあげた研究とは違った流れにおいても学習者の学習意欲を減退させてしまうような教師の不適切な行動は調査の対象となっている。Kearney et al. (1991)は、そういった「教育、学習の妨げとなるような教師の行動 (p. 310)」を "teacher misbehaviors" とし、質問紙を使い、調査をした。研究参加者は、あるアメリカの大学で、254名の対人コミュニケーションに関する授業を履修していた学生（グループ1）と、261名のコミュニケーション入門に関する授業を履修していた学生（グループ2）である。グループ1には自由回答式アンケートに、グループ2には選択式アンケートを実施した。この研究から、28個の教師の不適切な行動が抽出された。表4.2にその28件のカテゴリーとグループ1・2ごとに自由回答式アンケートでの頻度順（G1）、選択式アンケートでの平均値順（G2）の順位をまとめた。またそれらのカテゴリーは因子分析によって抽出された3つのカテゴリー（教師の無能さ、攻撃性、怠惰）に整理してある。またその因子分析により、それぞれの因子にまとまらなかったものに関しては因子分析に抽出されなかったカテゴリーとしてその下にまとめている。

表4.1や4.2をよくみてみると別々の研究者グループの研究であるものの共通点が多い事に気がつくであろう。Kearney et al. (1991) の発表後、15年以上ほど経った後、Zhang (2007) は、164名の北米の大学に在籍する学生、197名の中国の大学に在籍する学生、181名の南ドイツの大学に在籍する学生、153名の日本の大学に在籍する学生の4つのグループに質問紙調査をした。調査協力者は、質問紙回答直前に受講した授業担当教員がどれくらいの頻度で質問紙項目にある不適切な行動をするかについてKearney et al.

表 4.2　教師の不適切な行動のカテゴリー
(based on Kearney et al., 1991, pp. 314–315)

教師の不適切な行動のカテゴリー	G1	G2
Factor 1: 教師の無能さ (Incompetence)		
学生に無関心である：	10	17
文法や綴りを間違える	28	16
講義が退屈である	5	1
混乱させる・不明瞭な講義	9	4
科目の内容に詳しくない	14	27
外国語・地域なまり	26	12
不適切な声量	27	19
情報が多すぎる	18	6
不公平な評価	13	11
Factor 2: 攻撃性 (Offensiveness)		
いやみを言う・けなす	1	15
性的嫌がらせ	25	28
えこひいきや偏見をする	16	20
性格が良くない	15	12
口汚い	11	26
規則が理不尽／恣意的である	22	21
Factor 3: 怠惰 (Indolence)		
授業を欠席する	2	17
シラバスからそれる	20	7
情報が少なすぎる	19	14
提出課題の返却が遅い	24	5
準備されていない／整理されていない	12	25
因子分析に抽出されなかったカテゴリー		
時間外まで学生を残す	7	9
早く授業を終える	23	10
主題から逸れる	3	2
学生の質問に答えない	8	22
授業外で学生が近づきにくい	17	24
テストが不公平である	4	3
ぱっとしない身体的風体	21	22

(1991)で使われた28項目(5件法)に準じた質問紙にそれぞれ彼らの母国語で回答をした。そのうえでChristophel (1990)による"State motivation(モチベーションの状態)"に関する12項目(例:motivated/unmotivated, interested/uninterested, want to study/don't want to study)についてその質問紙回答直前に受講した授業に対する自分のモチベーションを7件法の質問項目を用い、答えさせた。

表4.3　頻繁に報告された教師の不適切な行動のカテゴリー
(Zhang, 2007, p. 217に基づく)

国名	不適切な行動	平均値	標準偏差
アメリカ	1. 退屈な講義	2.54	1.32
	2. 多すぎる情報	2.42	1.17
	3. 講義の主題からそれること	2.31	0.98
	4. 講義がわかりにくいこと	2.26	1.15
	5. 早く講義を終えてしまうこと	2.22	1.09
中国	1. 多すぎる情報	3.26	1.22
	2. 生徒を授業時間外まで残すこと	2.57	1.30
	3. 退屈な講義	2.27	1.15
	4. 話す際のアクセント	2.13	1.05
	5. 話す際の音量	2.03	0.99
ドイツ	1. 多すぎる情報	2.84	1.15
	2. 不公平なテスト	2.66	.91
	3. 不公平な評価	2.63	.80
	4. 退屈な講義	2.52	1.14
	5. 話す際の音量	2.29	1.05
日本	1. 早く講義を終えてしまうこと	2.92	1.08
	2. 授業外で時間を生徒にとらないこと	2.90	1.25
	3. 講義の主題からそれること	2.56	1.22
	4. 教師の遅刻	2.40	1.07
	5. 退屈な講義	2.40	1.24
全体	1. 多すぎる情報	2.71	1.23
	2. 退屈な講義	2.41	1.21
	3. 講義の主題からそれること	2.22	1.05
	4. 生徒を授業時間外まで残すこと	2.22	1.12
	5. 早く講義を終えてしまうこと	2.21	1.12

この表 4.3 をみてわかることは、様々な文化圏において多少の差があるものの教師の不適切な行動のカテゴリーの種類はそれほど変わらないということであろう。なおこの表 4.3 では、それぞれの国別のグループで最も平均値の高かった 5 項目を列挙してある。注目するべきは、5 件法で平均値 3 以上になっている項目が中国の大学のグループの「情報が多すぎる」の項目しかないことである。Zhang (2007, p. 220) も指摘しているが、この平均値や標準偏差から判断すると、どのグループにおいても教員が不適切に行動するということはあまり頻繁ではなかったという結論が導けるであろう。一方、Zhang (2007) の特色は、Christophel (1990) を用いて、研究協力者の授業に対してのモチベーションの度合いを回答してもらう事により、教師の不適切な行動に関して敏感な回答者がモチベーションが低いことを明らかにしたことである。

以上、4.2. と 4.3. において Instructional communication（教育におけるコミュニケーション）の分野における研究をレビューしてきた。次節 4.4. では第二言語教育での先行研究のレビューへと移る。第二言語教育の分野では、Dörnyei (2001) が Teaching and researching motivation という研究書の中で demotivation に関する章を設け、本章の 4.2. でレビューした Gorham and Christophel (1992) などの一連の研究を基に自らの研究やハンガリーで指導した院生の論文を紹介している。そこで、次節では、Dörnyei (2001) に基づき、初期の demotivation 研究に関してふりかえってみよう。

4.4. Dörnyei (2001) とその流れの初期研究

Dörnyei (2001) では、Demotivation を、"specific external forces that reduce or diminish the motivational basis of a behavioral intention or an ongoing action" (p. 143) と定義している。ここで非常に興味深いのは、Dörnyei (2001) が、Demotivation（学習意欲の減退）を行動を起こそうとする意図や実際行っている行動の基となる動機ややる気を減少させるような特定の「外的要因」と定義していることであろう。第 1 章で触れたように本書では、demotivator を

動機の減退要因、demotivation を動機が減退するプロセスと捉えている。本節を読み進める上でご留意いただきたい。

さて、Dörnyei 自身が 50 人のハンガリーのブタペストで英語やドイツ語を学んでいる高校生とのインタビューに基づき、以下のような学習意欲減退要因のリストを挙げている（Dörnyei, 2001, p. 152–153）。

1. 教師の性格、関与、能力、教え方
2. 学校の不十分な設備、とても大きなクラスサイズ、レベルの不適切さ、教師が頻繁に交代すること
3. 失敗体験や成功体験に基づき、自信がなくなったこと
4. 学習している外国語に関する消極的態度
5. 外国語学習が強制的であるという性質
6. 学習者が学んでいる他の言語の干渉
7. 学習している外国語を話すコミュニティーに対する消極的態度
8. 周りの集団の構成員の態度
9. 授業で使用されている教科書

Dörnyei（2001）によれば、インタビュー・トランスクリプトでこれらの 9 つのカテゴリーについての言及が 75 件あり、そのうちの 30 件（40％）が教師に関するものであった。なお、上のリストは頻度順に並んでいるが、学習意欲減退要因が外的である、と定義する難しさがこのリストから伺える。例えば 3 や 4 は、確かに自分が経験した体験や学習している外国語といった外的な要因との関連性をもった要素であるが、「自信がなくなった」「消極的態度」といった内的要素も絡んでいる。Dörnyei (2001, p. 143) は "amotivation is related to general outcome expectations that are unrealistic for some reason, whereas demotivation is related to specific external causes" と述べ、動機がない状態は、何らかの理由で言語学習でよい結果が出ることが非現実的だと学習者が感じているような状況に関連していると述べている一方、demotivation（学習意欲減退要因）は外的要因に関連すると説明している。

Dörnyei (2001) は初期の研究として Kohlmann (1996), Rudnai (1996), Halmos (1997) を紹介している。これらは出版されていない修士論文であるが、2009年までの間、第二言語教育の主だった学術雑誌 (例：Applied Linguistics, Language Learning, Modern Language Journal, TESOL Quarterly, ELT Journal, Language Teaching Research) には demotivation や demotivator に関する論文は掲載されていない。そのためここでは、Rudnai (1996) の修士論文を取り上げることとする。Rudnai (1996) はハンガリーにおいて Dörnyei (1994) のモデルに基づき、言語レベル、学習者レベル、学習状況レベルの3つの側面に関する質問を準備し、学習意欲がない (unmotivated) とみられた2校の名門高校と2校の職業高校に在籍する15名の生徒 (男子4名・女子11名) にインタビューを実施した。そして、インタビュー・トランスクリプトの話題分析によって学習意欲減退の理由の頻度を分析したところ、学習者レベルや学習状況レベルの要素が学習意欲減退の理由として重要である、と結論付けた。特に、ネガティブな過去や自分の英語レベルに合わない不適切なクラスに入れられた経験による自信のなさ、また自由選択ができないこと、および良い教師がいないこと、などがその理由として挙げられた。

4.5. 日本国外での研究の流れ

　Kim and Kim (2013) では、"English Learning Demotivation Studies in the EFL Contexts: State of the Art (外国語としての英語教育における学習動機減退研究の最新動向)" において主にアジアで行われた昨今の学習動機減退に関しての先行研究をまとめている。この中で特に興味深いのは、これまでの研究を "novel/distinctive construct (新しい／特色のある構成概念)" と "decrease in motivational intensity (動機づけの度合いの減少)" に関しての研究に分けられるとしている点である。これは、本書の第1章の図1.1で整理した用語の demotivators と demotivation に当たる。また、Dörnyei (2001) の流れを受けた前者の学習動機減退「要因」の研究に加えて、昨今では学習動機減退という「現象」に関しての研究もされている。Kim and Kim (2013) で

は、"demotivation" という、いわば学習動機減退の現象に関して以下のように述べている。

> demotivation can be defined as a decrease in certain domains in English learning motivation, which results from negatively functioning motivational constructs. That is, while both demotivated and motivated English learners can still possess motivation, parts of their motivational constructs are likely to function negatively, leading them to demotivation to different degrees. (p. 95)

この "demotivation" という用語に関しての Kim and Kim の Dörnyei (2001) と異なる定義は興味深い。彼らの定義は、第1章の図1で述べた定義と同じであり、さらに Kim and Kim (2013) は上記の引用箇所の中で学習動機が減退した学習者と学習動機のある学習者のどちらも学習動機は持っているが、学習動機減退要因の働きは異なるであろうと指摘している。本節では、Demotivators（学習動機減退要因）に関する研究と Demotivation（学習動機減退）に関しての2種類の研究に分けて幾つかの研究をとりあげる。

4.5.1. Demotivators に関しての研究

　国際的に広く認められている雑誌に掲載されいるものではないが、アジアでの英語教育における学習者の動機減退要因に関してはイラン (Alavinia & Sehat, 2012; Moiinvaziri & Razmjoo, 2013)、パキスタン (Krishnan & Pathan, 2013)、サウジアラビア (Daif-Allah & Alsamani, 2014)、ベトナム (Trang, & Baldauf 2007; Tuan, 2011)、韓国 (Kim, 2009; Kim, 2011) の状況に関する研究が出版されている。最近では、韓国と中国の状況を比較したもの (Li & Zhou, 2013) も出版されている。本節では、このうちの韓国で実施された Kim (2009) の調査と中国および韓国の学生を対象とした Li and Zhou (2013) の研究をとりあげる。

　Kim (2009) は中学校に通う220名の韓国人英語学習者に31項目の質問紙

（4件法）を使用し、学習意欲減退要因に関する調査を行った。質問紙項目は、Sakai and Kikuchi (2009) に基づいた6つの構成概念 teachers（教師）、characteristics of English classes（英語の授業の特質）、experiences of failure or difficulty learning English（英語学習における失敗や困難の経験）、textbooks（教科書）、inadequate learning environments（不十分な学習環境）、lack of interest（興味の欠如）に新たな構成概念 testing concerns（テストに関する懸念）を加えたものであった。因子分析の結果、英語学習の難しさ、教員の能力・スタイル、英語の授業の特質、低下したモチベーションと興味、不十分な学習環境に関しての5つの因子を抽出した。それらの因子のうち、英語学習の難しさに関しての因子が最も強い学習動機減退要因であり、教員の能力・スタイルや不十分な学習環境に関しての因子はそれほど強くはなかった。これは、韓国の中学生を対象にした研究結果であるが、日本の高校生を対象にした Sakai and Kikuchi (2009) の調査と得られた結果がほぼ同じであった点が興味深い。

　Li and Zhou (2013) は97名の中国の大学生、101名の韓国の大学生に40項目の質問紙（5件法）を使用し、調査を行った。質問紙は2つのグループからの自由回答式アンケートとインタビュー結果に基づき作成されたもので、Li and Zhou は、記述統計と因子分析の結果から2つのグループの違いを分析した。因子分析の結果、中国のグループでは Learning Strategies（学習方略）、Negative Attitudes toward Target Language and Culture（目標言語や文化に対しての消極的な態度）、Teachers（教師）、Learning Environment（学習環境）、Inadequate Facilities（不十分な設備）、and Confidence Deficiency（自信のなさ）の6つの因子が抽出された。韓国のグループでは、因子分析の結果、Confidence Deficiency（自信のなさ）、Peer Pressure（周りの圧力）、Inadequate Facilities（不十分な設備）と Learning Environment（学習環境）の5つの因子が抽出された。なお、この結果に基づき、文化的影響に関して議論がなされた。

　本節では、学習意欲減退要因に関しての海外での研究に関して2つの例を示した。今までの研究では質問紙を参加者から回収し、統計分析をし、そ

の研究参加者グループがどの項目を学習意欲減退要因として強く認識したかを報告するのが一般的である。Li and Zhou (2013) を例にとると2つのグループの因子分析の結果を示し、それぞれの因子の平均値順に並べ、中国人大学生には学習方略、韓国人学生に関しては自信のなさが最も強い学習意欲減退要因として認識されていた。しかし、Kim and Kim (2013) が以下のように指摘するようにこの研究のアプローチには限界がある。

> What seems to be insufficient in the studies focusing on finding demotivating factors is that the researchers failed to address different process of demotivation for individual learners. The studies seem to demonstrate that all individual learners perceive the extracted factors to be demotivating to similar extents. (p. 81)

Kim (2009) の研究結果を例にとれば、英語学習の難しさが最も強い学習意欲減退要因であったとしても、その難しさに対する捉え方は個々人で異なることが予想される。例えば、ある学習者は英語学習の難しさを学習意欲減退要因として認識したとしてもそれに反応して逆に勉強をがんばるかもしれないし、別の学習者はもともと英語学習に興味がなく、英語学習の難しさに敏感に反応し、さらにやる気をなくしてしまうかもしれない。学習意欲減退要因が異なる学習者にどのように捉えられ、どのような情意的反応をもたらし、実際の学習に影響しているかに関しては、今のところの研究では明らかにされていない。

4.5.2. Demotivation に関しての研究

Pintrich (2003) は学習意欲減退に関して以下のように述べている。

> There is good empirical evidence from cross-sectional and longitudinal studies that over the course of the school years, student motivation on the average declines or becomes less adaptive, with a large drop as students enter

the junior high or middle school years. (p. 680)

Pintrich も言及しているように、学年が上がるにつれて生徒のモチベーションが減退していくという現象は、横断的・縦断的研究のどちらのアプローチでも明らかになっている。特に中学に入ると、モチベーションは大きく落ちるとされている。この点について、イギリスでドイツ語を勉強する中学生のモチベーションに関して研究した Chambers（1999）はその様子を、新婚旅行に例え、中学入学以降、彼らの学習に対する熱意は 2 年すると衰えてしまうと言及している。

> The evidence ... suggests that your Year 7 pupils are looking forward with enthusiasm to learning your subject ... Two years later the picture is not quite so encouraging ... The honeymoon is over. The enthusiasm is on the wane. Pupils appear disgruntled. Something has gone wrong (p. 81).

確かに日本国内でも中高生が年を経るにつれて英語学習のモチベーションをなくしていくという知見は蓄積されてきた (e.g., Konishi, 1990; Koizumi & Kai, 1992; Koizumi & Matsuo, 1993; Miura, 2009)。Chambers（1999）に言及されている通り、確かに中 1 で英語を習い始めたときはすべてが新しく「新婚気分」のように感じるかもしれないが、中 2 になると新鮮さはなくなってしまうことはよく聞く。そういった外国語学習のモチベーションの経年変化はどうやって起きているのだろうか。本節では、イギリスにおいてフランス語やドイツ語を外国語として学習していた学習者のモチベーションの変化に関して調査した Williams, Burden, and Lanvers（2002）と韓国で英語を外国語として学習していた学習者のモチベーションの変化に関して調査した Kim and Seo（2012）を例にとり、学習意欲が経年的に減退するという状況についてどのような研究がなされているかをみていこう。

Williams, Burden, and Lanvers（2002）は日本での小 6 と中 2 にあたる Year 7 と 9 生の 228 名に質問紙を使った調査を行った。質問紙の 16 の構成概念

のうち Need（必要性）、Integrative Orientation（統合的動機づけ）、Perceived Success（認識された成功）、Perceived Ability（認識された能力）、Effort（努力）、Metacognitive Strategies（メタ認知ストラテジー）、Teacher（教師）に関して t 検定を実施した結果、統計的有意差がみられた。特に、統合的動機づけ、教師の能力に関しての感情、外国語学習の重要性に関しての認識に関してネガティブに変化する明らかな傾向があった、と述べている。だが、しかし、著者たち自身も指摘するとおり、この研究は同じ学習者を 2 年間継続して横断的に調査したわけではなく、学年の違う学習者に一度に質問紙を配布し、経年的変化を分析したものなので結果の解釈には注意が必要である。しかしながら、イギリスにおいてよく学習される、外国語学習における学習意欲減退に関しての数少ない貴重な研究といえるであろう。

　Kim and Seo（2012）は、6,301 名の小学生の学習意欲減退について児童から収集した質問紙および 17 名の担当教員のインタビューと自由回答式の質問紙を用い、調査した。この 29 の異なる小学校に在籍する 3 年生から 6 年生までの各学年から得た質問紙回答を分析した結果、質問紙上の 5 つのモチベーションに関する構成概念すべてにおいて減少がみられた。また、担当教員とのインタビューや自由回答式の質問紙への回答の分析の結果、生徒のニーズとの不一致、教員が我慢強くないこと、教えることや児童に興味がないなどの教員の悪い影響、英語運用能力に関する過度な社会的期待、児童間での英語運用能力の大きな差が児童の学習意欲減退に影響していることがわかった。Williams, Burden, and Lanvers（2002）同様、経年的に同じ児童のモチベーションの変化を追った研究ではないが、6,000 人を超える小学生に担当教員の視点も加えた点は興味深く、結果として、韓国では、小学生でも英語の学習意欲が減退がみられているという知見が得られている。

4.6. 日本国内での研究の流れ

　本節では、まず国際的学術雑誌に掲載された幾つかの主要研究を概観する。その後、日本国内の研究で発展してきた学習意欲の減退から回復するス

トラテジーと学習意欲の減退を防ぐストラテジーの 2 種類の研究課題に関しての先行研究に触れる。これらの研究課題に関しての研究は、まだ数本しか出版されていないが学習意欲の減退にどのように対処するかという点で重要な研究課題である。

4.6.1. Dörnyei (2001) の流れの主要研究

本節では、海外の国際的学術雑誌に掲載された 3 本の学習意欲減退要因に関しての研究 (Falout, Elwood and Hood, 2009; Kikuchi, 2009; Sakai and Kikuchi, 2009) をとりあげる。なお、より詳細な先行研究のまとめは Kikuchi (2013) を参照いただきたい。

Kikuchi (2009) は、筆者自身が初めて動機減退要因に関して注目し、調査した結果をまとめた論文である。まず、4.4. でとりあげた Dörnyei (2001) の 9 つの動機減退要因のリストに基づき、自由回答式で高校での英語の授業で学習意欲が低下する要因になることはなかったかを関東圏の国公立大学に通う 47 名の学生に質問紙調査を行った。また、さらに 5 名の学生に同じカテゴリーに関して学習意欲が低下する経験はなかったかどうかインタビューを行った。質的分析の結果、教師の教室内での言動、文法訳読式が使われたこと、定期試験や大学入試を中心とした学習の特質、語彙や読解文の暗記に特化した学習、教科書や参考書に関しての不満の 5 つを学習者動機の減退要因として挙げた。

Falout, Elwood, and Hood (2009) は、動機づけを高めたり低めたりするような経験や条件および、それらに対する反応に関して調査するため、52 項目の質問紙を使用し、900 名以上の大学生を対象とした調査を行った。収集した質問紙回答を因子分析した結果、Teacher Immediacy (教師の親しみやすさ)、Grammar-Translation (文法訳読法)、Course Level (授業レベル)、Self-Denigration (自己的拒絶) Value (価値感)、Self-Confidence (自信) の 6 つの動機高揚／減退要因と、Help-Seeking (助けを求めること)、Enjoyment-Seeking (楽しさを求めること)、Avoidance (避けること) の 3 つのこれらの要因に対する反応に関しての因子が抽出された (括弧内は筆者による日本語訳)。こ

の研究結果に基づき、単調な教え方を避け、様々な教え方を用いるべきだと提案を行っている。また、学習者が自信を維持する力、環境に適応し、自己調整をする力をつけさせることの重要性も指摘した。

　Falout, Elwood, and Hood(2009)のアプローチとは異なり、Sakai and Kikuchi(2009)はKikuchi and Sakai(2009)で開発した動機減退要因についての35項目の質問紙を使い、676名の高校生の協力を得て、どのような事柄が学習者にとって動機減退要因となりうるかに関して調査を行った。また、動機減退要因に対する認識に関して、より動機づけの高い学習者と低い学習者の違いについても考察を行った。因子分析により、学習内容や教材、教員の能力やスタイル、不十分な教室設備、内的動機づけの欠如、テスト得点の5つの因子が抽出された。また、動機づけの高い学習者と低い学習者では、学習内容や教材、内的動機づけの欠如、テスト得点の3因子に関して統計的有意差がみられた。

4.6.2. 学習意欲減退の対処に関する研究

　Joseph Faloutは、学習意欲減退に関する研究を進める中でremotivation(学習意欲減退からの回復)に関して注目を始めた。そして、Carpenter, Falout, Fukuda, Trovela, and Murphy(2009)やFalout(2012)において学習意欲減退の対処に関しての論文を発表した。本節では、その中からCarpenter et al.(2009)を紹介する。

　彼らの研究では、大学で英語を学ぶ285名の日本人学生に、Remotivation Questionnaireと呼ばれる質問紙を用い、英語学習における学習意欲の減退と回復の要因を省察するように求めた。具体的には参加者は自分の英語学習を振り返って学習意欲の上昇と下降を図で示し、意欲減退の原因と、意欲を回復した道筋を自由回答式で説明するように求められた。以下の表4.4はその研究結果を表にまとめたものである。Unintentional Remotivation Strategies(意図的ではないストラテジー)、Intentional Remotivation Strategies(意図的なストラテジー)に分けて参加者が回答の中で触れた動機減退からの回復のためのストラテジーが表にまとめてある。

表 4.4　Carpenter et al. (2009)による様々な動機減退からの回復のためのストラテジー

意図をしない動機減退からの回復ストラテジー	パーセント	言及回数
1. 教員関連の要因	11.54%	33
2. 本を読む、音楽を聴く、テレビや映画をみるなどして本物のメディアに触れること	9.09%	26
3. より効果的なストラテジーを使うなどのスタディースキルの向上	5.59%	16
4. 英語を話す外国人と会話をしたり、話すのを目撃したり、話したいと思うこと	5.24%	15
5. 仲間との競争意識や影響	5.24%	15
6. 新しい教室、学校や海外旅行などの新しくよりよい環境	4.55%	13
7. 英語で意思疎通がとれたり、英語を理解したという経験	4.20%	12
8. 家族や友達の励ましやサポート	3.50%	10
9. テストや成績評価(よい評価・悪い評価双方)	3.50%	10
10. 英語を話すこと	3.50%	10
11. 入学試験、TOEIC テスト対策	3.15%	9
意図をして行う動機減退からの回復ストラテジー		
1. 授業外での自己調整:	46.50%	133
・学習を自己調整し、より勤勉になること	14.34%	41
・本物の練習をできるような機会を探すこと	6.29%	18
・補助的にフォーマルな教育の機会を探すこと	4.55%	13
・興味深くモチベーションを高めるようなメディアに触れること	21.33%	61
2. 認知的／情動的な修正:	19.93%	57
・道具的価値を考えること	3.85%	11
・社会的価値を考えること	1.75%	5
・未来の自分を創造すること	1.40%	4
・過去の成功を回顧すること	1.75%	5
・過去の失敗(もしくはそれに伴ったよくない結果)を回顧すること	2.10%	6
・友達や家族、教員に相談し、感情的サポートや励ましを得ること	3.85%	11
・特定できない(例:英語を好きになること)	5.24%	15

3.授業内での自己調整：	15.73%	45
・教員に出された課題に対してもっと勤勉になること	7.69%	22
・授業により集中すること	5.24%	15
・授業でより強い関係を築くこと	1.75%	5
・友達と勉強をすること	0.35%	1
・楽しみながら友人と競争をすること	0.70%	2
4.目標に集中すること：	9.79%	28
・短期的なゴール(テストなど)	2.45%	7
・長期的なゴール入試など）	4.90%	14
・個人的な長期的ゴール	2.45%	7
5.やる気をなくすものを避けること：	6.99%	20
・現状の環境をなんとかする	0.70%	2
・環境を変える	0.35%	1
・勉強の休息をとる	2.80%	8
・考えないことにする	1.40%	4
・特定なし	1.75%	5

　この表からは、特に動機減退からの回復ストラテジーとは、それほど特殊なものではなく、学習者自らが自分のモチベーションを高めるためにどのような工夫が可能であるかのリストであることが伺える。なお、Carpenter et al. (2009) では、この研究結果をまとめて参加者に見せ、学習者同士が様々なストラテジーを共に共有できたことに言及し、その点に関しても学習意欲の減退の回復という観点で特筆すべきだと述べている。

　Hamada (2014) では、国内の高校に在籍する336名の生徒に彼らの英語学習においての動機減退を防止するストラテジーに関する41項目 (6件法) の質問紙調査を実施し、彼らのそれぞれのストラテジーに関する認識を尋ねた。質問紙は主に動機を高めるストラテジーへの教員の認識を調査した篠原 (2009) に基づくものであった。質問紙では、各々のストラテジーに対して、自分の「英語学習のやる気がなくなるのを防ぐ事」にどれくらい効果的かどうかを聞いている。その結果、Sensitiveness (教員のきめ細やかさ・慎重

さ）、Students' feeling based（学習者心理への配慮）、English usage（英語の使い方）、Traditional teaching style（伝統的教授法）、Goal-oriented（目標志向）の5因子を因子分析で抽出した。Hamada（2014）はこの5因子にまとまったストラテジーのうち、3つめの伝統的教授法を用いたストラテジー以外は、動機減退を防止するストラテジーとして効果的であり、特に教員の細やかさ・慎重さは重要であるとしている。

4.7. まとめ

本章では、教育におけるコミュニケーションの分野での学習意欲減退要因の研究から影響を受けたとみられるDörnyei（2001）の定義を紹介し、その後外国語教育の分野でDörnyei（2001）の定義に基づき、どのような研究がされてきたかを概観してきた。これまでのところ、従来の学習意欲減退要因の研究が多くを占めているものの学習意欲減退の状況に関する研究、また学習意欲減退から回復するためのストラテジーの研究など、今後は、研究者の注目を集める研究課題も発展してきており、それらの分野のさらなる研究の蓄積が期待される。

第 5 章　確認的因子分析を用いた量的研究例

　本章では、1,000 人を超える高校生の協力を得て行われた Kikuchi（2011）を紹介する。今までの先行研究をまとめると、学習者は以下の 6 つの要素を学習動機減退要因として捉えている。

1. 教師に関する要因：教師の態度や性格、教える能力や教え方、外国語運用能力
2. 授業の内容／特質：授業のペース・内容、暗記偏重の難易な文法や語彙学習、大学英語入試対策に特化すること、単調・退屈な授業スタイル
3. 失敗経験：試験の点が悪かったことからの失望、語彙や熟語が覚えられない、教員や周りのクラスメートに受け入れられないという気持ち
4. 授業環境：クラスメートの態度、英語科目が必修であること、活発でない授業活動、不適切な授業レベル、視聴覚教材が使われないこと
5. 授業教材：自分に合わない教材、興味をかきたてられない教材、大量に配布される参考書や補助資料
6. 英語に対する興味の欠如：学校で学ぶ英語は役に立たない、英語を話せる人にはなりたくないといった英語に対する興味のなさ

　この研究では、Kikuchi and Sakai（2009），Sakai and Kikuchi（2009）で使用された質問紙を修正して配布し、上に挙げた教師に関する要因、授業の内容や特質、学習者の失敗経験、授業環境、授業教材、英語に対する興味の欠如の

6つの要素がどのように学習者に学習動機減退要因として捉えられているかを調査した。また、分析にあたっては、新たに、それらの6つの要素の捉え方が、性別、学年、在籍高校の種別（普通科と他の種類の高校、動機づけのレベル）でどのように異なるのか、どのような教師の行動が学習意欲減退要因として認識されているか、という2つの研究質問（リサーチ・クエスチョン）も立てた。

5.1. 研究方法

この研究では、本章冒頭で説明をした学習動機減退要因に関する6つの要素に関して回答者がどの程度強く学習動機減退要因として認識しているかを問う40項目と谷島（1999）に基づく回答者の動機づけレベルに関する自己評価を問う4項目を中心とした質問紙が使用された。質問紙の回答者は、教師に関する要因（7項目）、授業の内容や特質（9項目）、学習者の失敗経験（6項目）、授業環境（6項目）、授業教材（7項目）、英語に対する興味の欠如（5項目）の40項目に対して、「次の理由は英語学習のやる気をなくすものとしてどれくらい当てはまりますか。高校での自分の経験に基づいて回答してください。」という指示文のもと、1 = 全くあてはまらない；2 = 当てはまらない；3 = 当てはまる；4 = とても当てはまる、の4件法で回答した。

5.1.1. 調査対象者と調査時期

調査対象者は北海道、秋田県、福島県、長野県、山梨県、神奈川県、岐阜県の1道6県にある7つの高校に在籍する総計1,337名の高校生である。調査時期は、1校を除き2008年の3月であった。残りの1校に関しては、2008年4月に225名の3年生に本調査に協力を頂いた。なお、この1校の調査対象者に関しては年度をまたいで参加をしてもらったが、対象者が3学年となって間もないことから、高校において2年在籍した学習者と判断をした。その結果、調査対象者は高等学校に1年間在籍（$n = 617$）、2年間在籍（$n = 617$）、3年間在籍（$n = 31$）となった。7名の高校教員に、アンケート調

査をそれぞれの勤務校で授業時間を15分から20分を使い、実施してもらった。アンケートの実施後、返送されてきた質問紙は確認・整理の上、表計算ソフトに入力をした。確認作業の中で67名に関しては今後の分析から除外した。その理由はその67名のうち、35名は研究目的での自分の回答データの使用を許可しない、27名は1年以上の留学をしていた、5名は多くの項目への回答を空白にしていたからである。この処理の上、分析対象は1,278名となった。

調査対象者の詳細は、表5.1に記載した。781名(62%)の生徒が普通科に在籍しており、482名の生徒がその他の学科(英語科・国際科・商業科・情報科・総合科)に在籍していた。

表 5.1　Kikuchi (2011)の調査対象者の詳細

学校	所在地	学科／種類	学年	生徒数	性別
A	岐阜	普通科／公立	1	37	35(男子), 36(女子), 2(無回答)
			2	36	
A	岐阜	情報科／公立	1	35	40(男子), 32(女子), 1(無回答)
			2	38	
B	神奈川	総合科／公立	1	138	104(男子), 87(女子), 1(無回答)
			2	25	
			3	31	
C	神奈川	普通科／私立	1	39	39(男子)
D	山梨	普通科／公立	1	107	88(男子), 115(女子), 1(無回答)
			2	97	
D	山梨	英語科／公立	1	36	31(男子), 33(女子)
			2	28	
E	長野	普通科／公立	2	101	58(男子), 41(女子), 2(無回答)
F	秋田	普通科／私立	1	72	111(女子)
			2	39	
G	福島	普通科／公立	2	75	33(男子), 42(女子)
G	福島	国際科／公立	2	76	20(男子), 56(女子)
G	福島	商業科／公立	2	75	25(男子), 50(女子)
H	北海道	普通科／公立	1	151	77(男子), 100(女子), 1(無回答)
			2	27	

5.1.2. 分析方法

分析には、まず探索的因子分析を用い、仮定した6因子モデルを基にSPSS16.0を用い、どのような潜在的因子があるかをチェックした。その後、各要素の構成因子を吟味した上で、モデルを構築し、AMOS16.0 (Arbuckle, 2007) を用い、確認的因子分析を行った。確認的因子分析は、検証的因子分析とも呼ばれ「あらかじめ因子や観測変数の間の関係を仮定しておき、その仮定どおりになっているかどうか (松尾・中村, 2002, p. 175) を検証した。また、記述統計、探求的因子分析、確認的因子分析の結果を用い、どのような教師の行動が学習意欲減退要因として認識されているかに関して分析した。

5.1.3. リサーチ・クエスチョン

本研究でのリサーチ・クエスチョンは以下の2つである。

1. 教師に関する要因、授業の内容や特質、学習者の失敗経験、授業環境、授業教材、英語に対する興味の欠如の6つの要素は、どのように学習者に学習動機減退要因として捉えられているか？
2. どのような教師の行動が学習意欲減退要因として認識されているか？

5.2. 研究結果

本セクションでは、まず記述統計および探索的因子分析の結果を提示し、そのうえでもともと想定されていた6因子モデルの確認的因子分析の結果と最終的に採用された4因子モデルの確認的因子分析の結果のまとめを示す。

5.2.1. 記述統計と探索的因子分析の結果

表5.2は、data screeningを終えた1,146名分の記述統計である。なお、本研究のdata screeningではByrne (2001, 2009) に基づき、まずリストワイズ除

去を行った。何らかの欠損値がある 56 のケースに関しては分析から除外した。さらに一変量的な外れ値 (z-scores > 3.29) の 61 ケースに関しても除外した。そのうえで、マハラノビス距離による多変量外れ値 2 ケースを除外した。

表 5.2 アンケート 40 項目の記述統計

項目		項目内容	平均	標準偏差	歪度	尖度
CM	1	授業で扱う英文の内容が難しかったから	2.63	0.82	-0.19	-0.45
LI	2	英語のできる人にならなくていいと思ったから	1.98	0.82	0.53	-0.28
LI	3	英語を学ぶ必要がわからなかったから	1.92	0.79	0.61	0.01
TB	4	プリントがたくさん配られたから	1.97	0.76	0.57	0.16
TB	5	先生の説明がわかりにくかったから	2.32	0.84	0.31	-0.44
TB	6	先生の英語の発音が悪かったから	2.02	0.78	0.73	0.56
EF	7	友達と比べてテストの得点がとれなかったから	2.18	0.83	0.33	-0.39
EF	8	文法が勉強してもわからなかったから	2.67	0.87	-0.23	-0.61
CM	9	教科書や副読本がたくさん与えられたから	2.08	0.75	0.59	0.42
CE	10	まわりの友達が、英語が嫌いだったから	1.60	0.57	0.42	-0.07
LI	11	自分には英語を学ぶのに目標がないから	2.18	0.88	0.25	-0.74
CM	12	授業で扱う英文のトピック(話題)が興味深くなかったから	2.19	0.77	0.30	-0.22
EF	13	定期テスト(例：中間・期末・実力テスト)の結果が悪かったから	2.33	0.86	0.17	-0.61
CM	14	英語の問題の解答が明確でなかったから	2.14	0.75	0.46	0.12
EF	15	英単語・熟語を覚えられなかったから	2.50	0.88	-0.04	-0.71
CM	16	英文にわからない単語が多かったから	2.73	0.87	-0.32	-0.55
TB	17	先生の一方的な説明が多かったから	2.21	0.80	0.47	-0.08
TB	18	先生の教え方が悪かったから	2.15	0.84	0.54	-0.15
CC	19	英語を訳すことが多かったから	2.04	0.73	0.55	0.44
CC	20	大学入試のための授業が多かったから	1.83	0.70	0.79	1.16
CC	21	授業が単調だから	2.14	0.82	0.48	-0.16
CC	22	教科書本文の暗記をさせられることが多かったから	2.03	0.79	0.60	0.16

CE	23	インターネットを使わなかったから	1.63	0.65	0.80	0.66
LI	24	英語に興味がないと感じたから	2.11	0.89	0.43	-0.56
CC	25	文法に関する学習が多かったから	2.21	0.82	0.34	-0.33
LI	26	自分は、将来英語を使わないと思ったから	2.06	0.87	0.52	-0.41
CM	27	授業で扱う英文のトピック(話題)が古いものだったから	1.76	0.62	0.54	0.99
CE	28	音声教材(CDやテープ)を使わなかったから	1.71	0.61	0.57	0.93
CC	29	定期テストの範囲が長すぎたから	2.20	0.82	0.34	-0.36
TB	30	先生が感情的にどなったり怒ったりしたから	1.81	0.80	0.94	0.71
CC	31	授業のペースが適切ではなかったから	2.10	0.81	0.48	-0.11
CC	32	英語でコミュニケーションをする機会がなかったから	2.12	0.82	0.45	-0.23
EF	33	英語の予習・復習方法がわからなくなったから	2.33	0.88	0.22	-0.63
TB	34	先生と相性が合わなかったから	2.06	0.85	0.66	-0.02
CE	35	映像教材(ビデオ・DVD)を使わなかったから	1.81	0.70	0.68	0.67
TB	36	先生が文法的に正確な英語を使うことを求めたから	1.92	0.70	0.61	0.72
CE	37	英語が必修科目であったから	1.88	0.73	0.70	0.70
CM	38	教科書の文章が長かったから	2.25	0.87	0.25	-0.63
EF	39	授業がわからなくなったから	2.46	0.95	0.05	-0.91
CE	40	1クラスの生徒数が多かったから	1.72	0.62	0.60	1.05

Note. TB = 教師に関する要因(Teacher Behavior);CC = 授業の内容や特質(Characteristics of Classes);CE = 授業環境(Class Environment);CM = 授業教材(Class Materials);LI = 英語に対する興味の欠如(Loss of Interest);EF = 学習者の失敗経験(Experience of Failure).

次に、主因子法を用い因子分析を行った。主因子法は「各因子付与が最大となるように第1因子から順に因子を抽出する(松尾・中村, 2002, p. 176)最もオーソドックスな因子分析の方法である。因子回転には、因子間の相関関係がみられるため、プロマックス回転を用いた。以下、表5.3がその因子分析の結果である。

表 5.3 探索的因子分析の結果

項目	項目内容	F1	F2	F3	F4
EF16	英文にわからない単語が多かったから	.81	.03	-.14	-.11
EF15	英単語・熟語を覚えられなかったから	.80	-.13	-.01	-.08
EF13	定期テスト(例:中間・期末・実力テスト)の結果が悪かったから	.79	-.17	.06	-.09
EF8	文法が勉強してもわからなかったから	.75	-.02	-.19	.05
EF39	授業がわからなくなったから	.71	.09	-.09	.08
EF7	友達と比べてテストの得点がとれなかったから	.62	-.11	.10	-.09
EF33	英語の予習・復習方法がわからなくなったから	.60	-.02	.03	.09
CM38	教科書の文章が長かったから	.58	-.02	.11	.07
CM1	授業で扱う英文の内容が難しかったから	.49	.08	-.17	.02
CM25	文法に関する学習が多かったから	.48	.18	.14	-.09
CC29	定期テストの範囲が長すぎたから	.48	.02	.08	.17
CM9	教科書や副読本がたくさん与えられたから	.40	.14	.16	-.06
CM14	英語の問題の解答が明確でなかったから	.38	.14	.16	-.02
CC19	英語を訳すことが多かったから	.33	.07	.22	.10
TB18	先生の教え方が悪かったから	-.05	.93	-.14	.00
TB5	先生の説明がわかりにくかったから	.03	.86	-.22	.02
TB17	先生の一方的な説明が多かったから	.06	.78	-.07	-.02
TB6	先生の英語の発音が悪かったから	-.01	.73	.02	-.07
TB34	先生と相性が合わなかったから	-.01	.68	.12	.05
CC31	授業のペースが適切ではなかったから	.04	.63	.06	-.03
CC21	授業が単調だから	-.01	.56	.19	-.06
TB30	先生が感情的にどなったり怒ったりしたから	-.19	.46	.33	.06
CE28	音声教材(CDやテープ)を使わなかったから	-.08	-.01	.82	-.06
CE23	インターネットを使わなかったから	-.12	-.16	.81	.04
CM27	授業で扱う英文のトピック(話題)が古いものだったから	.04	.02	.71	-.11
CE35	映像教材(ビデオ・DVD)を使わなかったから	-.03	.05	.69	.04
CE10	まわりの友達が、英語が嫌いだったから	.02	-.05	.67	-.07
CE40	1クラスの生徒数が多かったから	-.03	-.11	.65	.13
TB36	先生が文法的に正確な英語を使うことを求めたから	.05	.11	.48	-.01
CC20	大学入試のための授業が多かったから	.08	.24	.48	-.05

CE37	英語が必修科目であったから	.02	-.05	.38	.27
CC22	教科書本文の暗記をさせられることが多かったから	.15	.19	.32	.05
CC32	英語でコミュニケーションをする機会がなかったから	.11	.18	.26	-.01
CC4	プリントがたくさん配られたから	.04	.13	.24	.18
LI3	英語を学ぶ必要がわからなかったから	-.13	.00	.01	.91
LI2	英語のできる人にならなくていいと思ったから	-.08	-.04	.03	.85
LI26	自分は、将来英語を使わないと思ったから	.03	.01	-.01	.81
LI11	自分には英語を学ぶのに目標がないから	.04	-.04	.01	.79
LI24	英語に興味がないと感じたから	.12	-.02	.01	.71
CM12	授業で扱う英文のトピック(話題)が興味深くなかったから	.12	.20	.07	.26

Note. TB = 教師に関する要因(Teacher Behavior)；CC = 授業の内容や特質(Characteristics of Classes)；CE = 授業環境(Class Environment)；CM = 授業教材(Class Materials)；LI = 英語に対する興味の欠如(Loss of Interest)；EF = 学習者の失敗経験(Experience of Failure).

表5.3からわかるように、想定していた教師に関する要因、授業の内容や特質、学習者の失敗経験、授業環境、授業教材、英語に対する興味の欠如の6因子は4因子解にまとまった。

まず、英語に対する興味の欠如に関しての7項目(EF7, EF8, EF13, EF15, EF16, EF33, EF39)は因子1に、教師に関する要因に関する5項目(TB5, TB6, TB17, TB18, TB34)が因子2に、授業環境に関する5項目(CE10, CE23, CE28, CE35, CE40)が因子3に、学習者の失敗経験に関する5項目(LI8, LI13, LI15, LI33, LI39)が因子4に高い因子負荷(> .60)を示している。なお、Stevens(2002)では、因子負荷が.60以上の項目が4つ以上ある因子は信頼性があるとされており、因子負荷(> .40)の項目に関してもその項目が分散の少なくとも15%であれば、因子の一部としてみなせるとしている。この基準に基づき、各因子に.40以上の因子負荷を示している項目はモデルに採用することとした。

5.2.2. 仮説から想定した 6 因子モデルの構成

　次ページの図 5.1 が当初に想定した 6 因子モデルである。本節以降、確認的因子分析の結果も同じ形式の図で提示するため、まず以下にこういった図の構成要素を説明しよう。単方向の矢印は因果関係を示す。四角形は観測変数を表し、i から始まる数字は質問紙上の項目番号を表す。円は潜在変数を表し、直接的に観測できない理論的に仮定される概念、すなわち構成概念を表す。なお、この図は構造方程式モデリングとよばれる統計手法（狩野・三浦，2002；豊田，2007）においてパス図と呼ばれている。構造方程式モデリングとは「直接観測できない潜在変数を導入し、その潜在変数と観測変数との間の因果関係を同定することにより社会現象や自然現象を理解するための統計的アプローチ（狩野・三浦，2002, p. v）」であり、パス図では、それらの潜在変数や観測変数との関係を円と四角、矢印を使って表し、それらの複雑な関係をグラフィックを使って因果関係を表現するものである（豊田，2007）。

　図 5.1 に示されているように高次の総合的な 2 次因子、学習動機減退要因が下位にある教師に関する項目（7 項目）、授業内容／特質に関する項目（9 項目）、失敗経験に関する項目（6 項目）、授業環境に関する項目（6 項目）、授業教材（7 項目）、興味の損失（5 項目）を規定しているかを確認するための 2 次因子モデルを想定した。

5.2.3. 確認的因子分析（6 因子モデル）の結果

　想定したモデルの中で各因子と強く関係をしている項目を残すために、Rasch PCA of item residuals（Bond & Fox, 2007; Linacre, 2006; Wright & Masters, 1982, 2002）をそれぞれの因子に対して行った。なお、本書ではスペースの関係上、詳細を割愛するが、Rasch PCA of item residuals を用いた質問紙項目の分析についての詳細は、例えば Apple（2013）を参照されたい。

　図 5.1 に示したのは、結果 > .35 とそれぞれの潜在変数に強く関わっていると判断した、教師に関する項目（4 項目）、授業内容／特質に関する要因（5 項目）、失敗経験に関する項目（4 項目）、授業環境に関する項目（5 項目）、

図 5.1　想定した 6 因子モデル

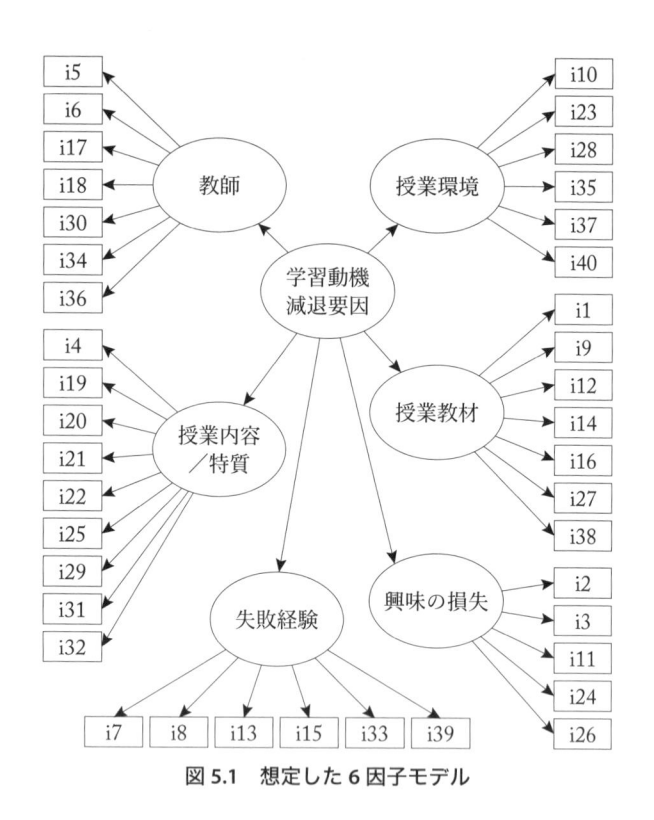

授業教材((4 項目)、興味の損失(5 項目)の計 27 項目を残し、2 次因子モデルの確認的因子分析を行った結果である。

　仮定したモデルが妥当性のあるものであるかを評価するために、構造方程式モデリングでは適合度指標(fit index)を参照する。Brown(2006)は、適合度指標を絶対適合(absolute fit)、倹約的修正(parsimony correction)、比較適合(comparative fit)の 3 つに分け、それぞれから最低 1 つずつの指標をもとにモデルの妥当性を考えるべきだとしている。本研究では、GFI(goodness-of-fit index)、SRMR(standardized root mean square residual)、RMSEA(root mean square error of approximation)、CFI(comparative fit index)の 4 つを基に、モデルの適合度を判定した。なお、GFI と SRMR が絶対適合、RMSEA が倹約的修正、CFI が比較適合のカテゴリーに入る適合度指標で

GFIとCFIは少なくとも.90以上、SRMRとRMSEAは.08以下で当てはまりのよい適合度であると判断されている。ただし、GFIは.95以上、RMSEAは.05以下で当てはまりのよい適合度だとする研究者も多い（Brown, 2009; Schumacker & Lomax, 2010; Tabachnick & Fidell, 2007; 狩野・三浦, 2002）。

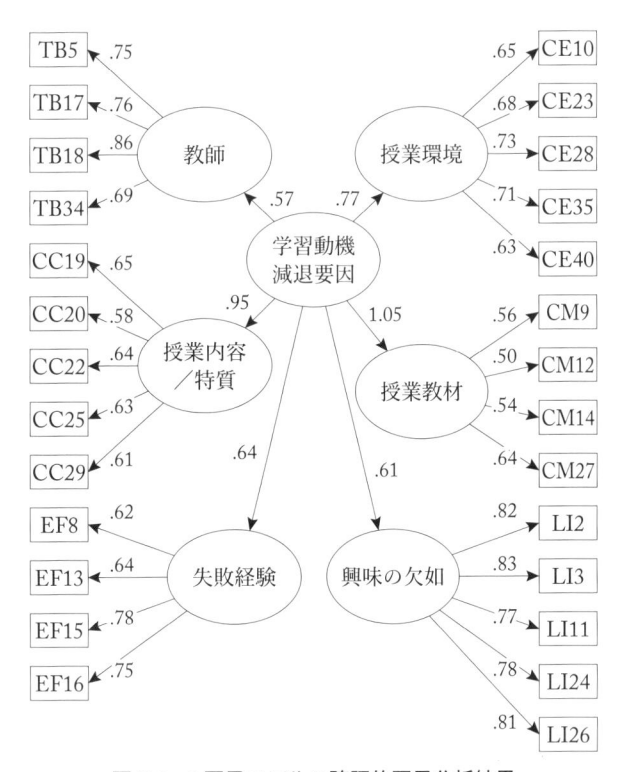

図 5.2　6因子モデルの確認的因子分析結果

図5.2に示したモデルは、先に示した適合度指標の値から判断し、妥当性の高いモデルとはならなかった（GFI = .893, CFI = .897, SRMR = .059, RMSEA = .062, 90% CIs [.059, .065]）。また、学習意欲減退要因と授業教材の間の標準化係数が1.00を超えてしまっており、この結果もモデルの妥当性が低いことによるものといえる（豊田, 2007）。そのため、この6因子モ

デルを棄却し、探索的因子モデルの結果に基づく、4因子モデルの検証をすることとした。

5.2.4. 確認的因子分析(4因子モデル)の結果

次に、探索的因子分析の結果(表 5.3 参照)に基づく、4因子モデルの確認的因子分析を行うこととした。当初想定した教師、授業内容／特質、失敗経験、授業環境に、授業教材、興味の損失の6要素を見直し、教師、授業環境、難しかった経験、興味の損失の4要素を質問紙の20項目を観測的変数とした上での潜在的変数とし、その上で高次的2次因子として前述のモデルと同じように学習意欲減退要因を想定した。図 5.3 に示したモデルは GFI = .911; CFI = .920; SRMR = .055; RMSEA = .064, 90% CIs [.061, .068] ([2 = 1176.32, 205 df, p < .01)と比較的よい適合度を得られた。しかし、RMSEAが > .08 を満たす .064 と比較的よい値となったものの .05 には満たなかったため、誤差の分散を考慮に入れ、図 6.4 の修正モデルを作成し、再分析をす

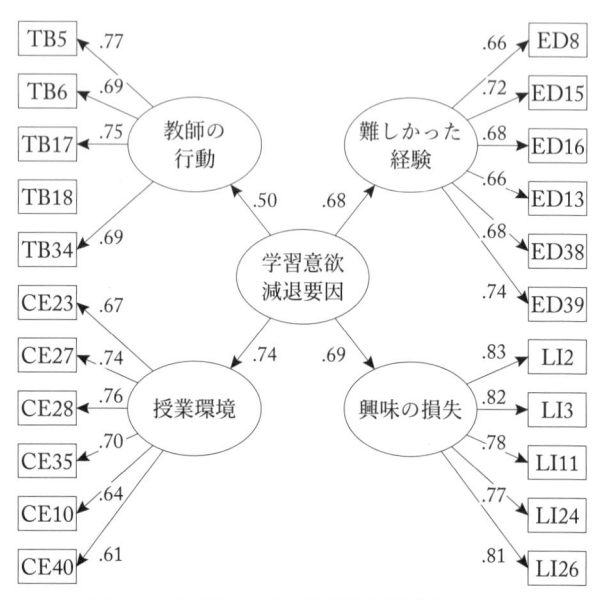

図 5.3　4因子モデルの確認的因子分析の結果

ることとした。

図 5.4 に示した修正モデルでは、教員の説明の明瞭さと発音に関する項目の誤差 (e4–e5)、教科書の話題が古いということおよび視聴覚教材が使われないことに関する項目の誤差 (e7–e8)、語彙を覚えることの難しさと未知の語彙やイディオムに遭遇することに関する項目の誤差 (e13–e14)、英語を話すことの必要性と英語を学ぶ必要性の認知に関する項目の誤差 (e21–e22) に相関があるとみられた。そのため、それら 4 つの誤差の間に相関関係を示すパスを加えた。その結果、適合度指数はさらによい値 (GFI = .942; CFI =. 939; SRMR = .055; RMSEA = .049, 90% CIs [.046, .053]) となり、最終的にこのモデルを採用することとした。

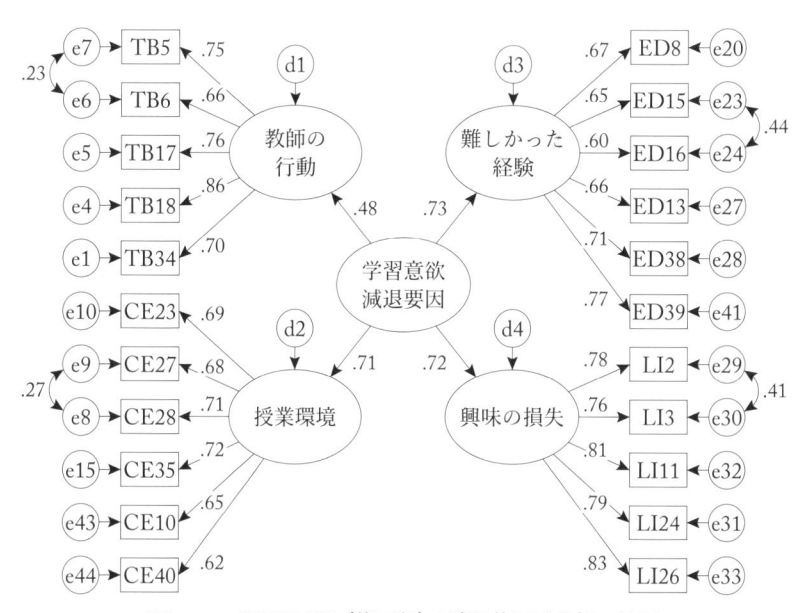

図 5.4　4 因子モデル (修正版) の確認的因子分析の結果

5.3. 考察・結論

5.1.3.で立てたリサーチ・クエスチョンに基づき、本研究の研究結果を簡単にまとめた後、本節で考察を加え、第5章のまとめとする。

研究質問1は、教師に関する要因、授業の内容や特質、学習者の失敗経験、授業環境、授業教材、英語に対する興味の欠如の6つの要素が、どのように学習者に学習動機減退要因として捉えられているかというものであった。まず、この点については、探索的因子分析を実施した。その結果、最も多くの分散は、難しかった経験(30.13%)によって説明されており、以下は、教師の行動(7.84%)、授業環境(5.04%)、興味の損失(3.33%)となっていた。次に、それら4因子に関した2次因子モデルを用いた確認的因子分析の結果を示した。そして、最終的に採択されたモデルでは教師の行動は学習意欲減退要因に最も低い寄与をしていたが、他の3つの潜在的変数は、およそ同等の寄与をしていた。そして、それぞれの独立変数がどれほどよく従属変数を説明しているかを示す標準化回帰係数の値は、教師の行動(.51)、授業環境(.72)、難しかった経験(.74)、興味の損失(.71)となっている。また、重相関係数の2乗により学習意欲減退要因の分散は教師の行動によって24%説明されており、授業環境により51%、難しかった経験により54%、興味の損失により52%が説明されていた。

これらの探索的因子分析および確認的因子分析の結果により、まず調査対象者が教師の行動と授業環境とを識別できることが確認できた。つまり、視聴覚教材やコンピュータを使わない、古びた話題の教材を使う、クラスサイズが大きいなど教員が簡単にコントロールできない要因は、教員による難しく一方的な説明や、悪い英語の発音、および教え方よりも、より学習者の意欲を低くすることが示唆された。

研究質問2は、どのような教師の行動が学習意欲減退要因として認識されているかであった。記述統計、探索的因子分析、確認的因子分析の3つの量的データの分析を実施した。まず、記述統計によれば、CM16(英文にわからない単語が多かったから)、EF8(文法が勉強してもわからなかったか

ら）そして CM1（授業で扱う英文の内容が難しかったから）の 3 つの項目の平均値は 2.73、2.67、2.63（最小値 1、最大値 4）であった。4 件法の中間値である 2.5 を超えているため、この 3 項目に関して調査対象者が概して学習意欲減退要因として認識をしていることが示唆される。

「文法が勉強してもわからなかったから」という項目は、教員により提示される難しい語彙や文法事項に関連しているものだが、教師の行動に直接関連するものではない。また、さきほど研究質問 1 の関連で述べたとおり、探索的因子分析および確認的因子分析の結果においても学習者は、教材や教室環境といった教員が直接コントロールできない要素を教師の直接的行動よりもより強く学習意欲減退要因として認識しているという同じ傾向がみられた。

なお、記述統計で値の高かった CM1、CM16、EF8 は認知的な難しさや過負荷に関連するものである。高校教員が大学入試対策として、授業中に難しい英単語や文法事項を扱うことは仕方のないことである。しかし、文法構文や英単語を大量に暗記させることを重視するといった、暗記偏重の教育を重視せずに、長期的な学習者の英語学習のモチベーション維持をも視野に入れながらスピーキング、リスニング、リーディング、ライティングのバランスを考えた教え方をすることも重要である。第 7 章でも述べるが、昨今では、大学進学のための入試システムも多様化していることから、従来の難解な長文や文法構文の理解が必要な大学入試対策が必要な学習者も限られてくるであろう。本研究では、学習者にとって教員の直接的な行動よりも、難しい語彙や文法事項を含んだ教材の提示が学習意欲減退要因として強く認識されていることがわかった。その点を踏まえ、教員は学習者と接する必要があるだろう。具体的にどのように対処するべきかに関しては第 8 章で詳しく述べていく。

第 6 章　重回帰分析を用いた量的研究例

　本章では Kikuchi (2011) で行った高校生の学習意欲減退要因に関する調査の次に行った探索的研究を紹介する。この研究は、大学生英語学習者の自分のモチベーションのレベルに関する自己評価と、その学生を授業で担当している教員の評価と Kikuchi (2011) で明らかにした 4 つの学習意欲減退要因との関係を重回帰分析を用いて分析する。なお、第 9 章でより詳しく議論を進めるが、学習意欲減退に関する研究は第 2 言語習得研究の分野で始まったばかりである。今までのところ学習意欲減退に関する研究は学習者の認識という視点からの議論に限られている。そこで、研究の視野を拡げるために、いままでの研究から得た知見に加え、学習者のモチベーションの自己評価や、教員による学習者のモチベーションに対する評価と学習意欲減退要因の関係性を探求し、これからの研究にはどのような視点が必要かを引き続き議論していきたい。以下がこの研究のリサーチクエスチョンである。これらの仮説に基づき、研究をすすめることとする。

仮説 1．4 つの学習動機減退要因に関する学習者の認識、学習者の高校時代及び現在のモチベーションの自己評価は担当教員の学習者のモチベーションに関する評価と関連がある。

仮説 2．4 つの学習動機減退要因に関する学習者の認識は、学習者の高校時代のモチベーションの自己評価と関連がある。

仮説 3．4 つの学習動機減退要因に関する学習者の認識は、学習者の現在のモチベーションの自己評価と関連がある。

6.1. 研究方法

6.1.1. 参加者

本研究の参加者は 133 名の大学生（1 年生 83 名、2 年生 33 名、3 年生 13 名、4 年生 4 名）であった。年齢については、133 名のうち、38 名が 18 才、53 名が 19 才、2 名が 20 才、9 名が 21 才、5 名が 22 才であり、性別では 60 名が男性、74 名が女性である。本研究参加者の募集にあたっては、研究者自身を含む 4 名の日本人専任教員が、それぞれ担当する英語必修科目の中で研究への参加を募集した。その結果、文系から理系まで様々な専攻の学生が研究参加者となった。

6.1.2. 質問紙

今回の研究のために、大学生を対象とした学習意欲減退要因に関する質問紙を作成し、高校生の時の学習意欲減退要因の認識を尋ねた。前章で使用した質問紙の項目に加え、「英語のテストには、自信があるほうです」「英語の勉強が得意なほうです」「自分は、英語の勉強に向いているほうです」「英語の授業に、積極的に取り組むほうです」の 4 項目について、参加者の現在と高校時代の英語学習についてのモチベーションに関する自己評価を聞くために使用した。参加者には、それぞれの時期に関しての 4 項目（計 8 項目）に 1. 全くあてはまらない、2. あてはまらない、3. あてはまる、4. とてもあてはまるからもっとも当てはまるものを 4 件法で選んでもらった。なお、8 項目に関しては主成分分析を用い、因子構造をチェックした。その結果、すべての 8 項目は 1 つの因子にまとまっていた（> .60）ので、これらの項目群は一元的であると判断した。

6.1.3. 調査手順

2009 年前期中に、都内近郊のある大学で英語の授業を教えている 3 名の日本人教員に調査実施への協力依頼をした。調査方法としては、学期末に週 2 回教えている自分の担当の授業で質問紙を配布し、依頼文に基づいて授業

時間の 15 分から 20 分を使って学生に質問紙を記入してもらうことを承諾していただいた。その上で、各教員には、6 件法で授業内の学習態度、課題提出度、学期末の成績評価などを考慮の上、各受講学生のモチベーションの度合い（1 一番低い〜 6 一番高い）を評価してもらった。時期は 7 月中旬に実施をしてもらい、事前に学生が記入した質問紙および教員が記入したその評価シートを共に回収した。

6.2. 分析結果

まず、回帰分析を行う上での統計的仮定をチェックし、問題がないことを確認した。その後、4 つの学習動機減退要因に関する学習者の認識、学習者の高校時代及び現在のモチベーションの自己評価の 4 つの変数を独立変数、担当教員の学習者のモチベーションの評価を従属変数とし、重回帰分析を行なった。表 6.1 は、各独立変数、従属変数の記述統計である。興味の損失と高校時代及び現在のモチベーションの自己評価のばらつきが他の変数よりも幅広いことがわかる。また、教員の各学習者に対するモチベーション評価の平均値と標準偏差をみると、標準偏差の値が低く、ばらつきがあまりないことがわかる。この値の低さの理由としては、教員が多くの担当学生のモチベーションの度合いを区別できなかったことが予想される。なお、表で示し

表 6.1　重回帰分析モデルにおける各変数の記述統計

各変数	最小値	最大値	平均値	標準偏差
教員の行動	-5.41	3.80	-0.77	2.21
難しかった経験	-5.17	5.02	-0.22	1.98
授業環境	-5.76	3.55	-2.25	2.07
興味の損失	-6.85	7.02	-2.53	3.22
高校時代の学習者のモチベーション	-8.33	8.23	-1.46	4.41
現在の学習者のモチベーション	-8.31	7.87	-1.77	3.62
教員の各学習者に対するモチベーション評価	1	6	4.35	1.38

注：教員の評価以外の数値は Rasch person ability estimates (logits) に基づく。

た教員の各学習者に対するモチベーション評価に関しては素点であるが、他の変数に関してはラッシュ分析によるロジット値を示した（ロジット値の計算に関する詳細は Bond and Fox, 2007 を参照のこと）。

次に、重回帰分析の結果を仮説に沿って検証してゆく。まず、仮説1は4つの学習動機減退要因に関する学習者の認識、学習者の高校時代及び現在のモチベーションの自己評価は担当教員の学習者のモチベーションの評価と関連があるかどうかに関するものであった。その結果、$F(4, 126) = 1.39$, $p = .24$ となり、どの独立変数も教員による学習者のモチベーション評価と統計的有意な関連性がみられなかった。重相関係数は、.04 となっており、この4つの変数の組み合わせは従属変数の 4％しか説明できていないという結果となり、仮説1は棄却された。

次に仮説2では、4つの学習者の学習意欲減退要因の認識と学習者による高校時代の自分のモチベーションの度合いに関する自己評価の関連性に関して検証を実施している。その結果、4つの変数の組み合わせは、$F(4, 126) = 26.06$, $p < .01$ であり、従属変数と統計的に有意に関連があることが明らかになった。特に難しかった経験と興味の損失の2つの変数および、学習者による高校時代の自分のモチベーションの度合いの自己評価に関連性がみられた。また、重相関係数は、.67 となっており、この4つの変数の組み合わせは従属変数の 45％を説明できていた。なお、難しかった経験と興味の損失に対する値が高ければ高いほど、高校時代の自分のモチベーションの度合いに関する自己評価が低いという傾向が見出された。

最後に、仮説3では、4つの学習者の学習意欲減退要因の認識と学習者による現在の自分のモチベーションの度合いに関する自己評価の関連性に関して検証した。その結果、高校時代の自分のモチベーションの度合いに関する自己評価と同様に、これらの4つの変数の組み合わせは、$F(4, 126) = 12.83$, $p < .01$ となり、学習者による高校時代の自分のモチベーションの度合いの自己評価に関連性がみられた。重相関係数は、.29 となっており、この4つの変数の組み合わせは従属変数の 8％を説明できていた。また、難しかった経験と興味の損失の2つの変数は特に現在の学習者のモチベーションの評

価と関連が高かった。このことから難しかった経験と興味の損失に対する値が高ければ高いほど、現在の自分のモチベーションの度合いに関する自己評価も低いということが証明された。以下の表 6.2 は、この重回帰モデル中の 7 つの変数の相関関係を示している。統計的有意差があったペアにはアステリスク(*)を付した。

表 6.2　重回帰モデルにおける各変数の相関関係

変数	平均値	標準偏差	1	2	3	4	5	6	7
1 教員の行動	-0.77	2.21	—	.56**	.62**	.07	-.29**	-.25**	-.09
2 難しかった経験	-0.22	1.98	.56**	—	.54**	.37**	-.60**	-.45**	-.18*
3 授業環境	-2.25	2.07	.62**	.54**	—	.31**	-.32**	-.35**	-.02
4 興味の損失	-2.53	3.22	.07	.37**	.31**	—	-.50**	-.43**	-.10
5 高校時代のモチベーション	-1.46	4.41	-.29**	-.60**	-.32**	-.50**	—	.65**	.19*
6 現在のモチベーション	-1.77	3.62	-.25**	-.45**	-.35**	-.43**	.65**	—	.13
7 教員のモチベーション評価	4.35	1.38	-.09	-.18*	-.02	-.10	.19*	.13	—

注：教員の評価以外の数値は Rasch person ability estimates (logits) に基づく。

6.3. 考察・結論

本章では、Kikuchi (2011) の本研究の後に行った追研究の結果を紹介したが、教員による学習者のモチベーション評価は学習者による高校時代、もしくは現在の自分のモチベーションの度合いに関する自己評価のいずれかとも関連性がなかった。学習者のモチベーションの自己評価の信頼性に関してはよく議論される点である。しかしながら、週 2 回の頻度で 3-4 ヶ月という長い期間に渡って学生を教えている担当教員の視点を加え、その関連性の見出しを試みたが、その関連性に統計的有意差はみられなかった。その結果に関して以下に考察を加える。

まず、教員による授業の参加度や出席状況を基にした学習者のモチベー

ションに関する理解は、学習者自身のモチベーションへの信頼できる指標となりえるかという問題がある。受講者は定期的に授業に出席することで、授業に参加しているように見えるかもしれない。しかしながら実際には、必修科目の単位取得のためにただ出席しているだけかもしれない。また、今回使用したモチベーションの尺度は、学習者の自信、自分の能力、勉強に対する適性や熱意に関してのものであった。そういった観点からの学習者のモチベーションに関して、担当教員は授業内での各学生の様子だけからでは把握できなった可能性がある。

次に、教員が行なった個々の受講生のモチベーションの度合いと、学生による自己評価に差異が生じた理由として、1クラス毎に通常30名以上の学生を担当しており、個々の学生とゆっくり接する機会がなかったことが予想される。今回の調査に参加していただいた教員は通常週に、4つ以上の授業を受け持っていることから、合計100名以上の学生を毎学期教えていることになる。このような状況下では、モチベーションがとても高い学生や低い学生に関してはその度合いを把握しやすいであろうが、30名以上に及ぶ受講生のモチベーションを把握するのは、とても難しいことだといえるだろう。

なお、重回帰分析の中で、難しかった経験と興味の損失が他の変数よりも従属変数を説明できる割合が高かったことは興味深かいと考えられる。特に、こういった要素を学習意欲減退要因として強く認識している学習者であればあるほど、自分の学習意欲の評価が低いということが示唆される。学習意欲の低い学習者は学習意欲減退要因に、より敏感なのであろう。

Dörnyei and Ushioda (2011, p. 157) も提案しているとおり、学習意欲減退要因と他のモチベーションに関連する個人差要因との関連性は研究課題として重要なものといえる。本章で紹介した研究は、教員の学習者のモチベーションに対する評価と学習者自身のモチベーションの評価が関連するか検証をしたが、その仮説は棄却された。しかしながら、学習意欲減退要因と学習者のモチベーションの自己評価の関連性に関しては興味深い知見が得られた。今後の学習意欲減退要因と他の要因の関連性の研究の参考になればと考えている。

第 7 章　インタビューと質問紙を用いた研究

　本章では、ある首都圏の私立大学に在籍する国際学科 1 年生 4 名と看護学科 1 年生 16 名を対象に行った 10 ヶ月に及ぶ横断的研究の例を紹介する。本章は今までの章と異なり、学術論文の流れに準じた構成（先行研究・研究方法・考察・結論）で展開する。今後の研究の発展のために、学術論文の流れを踏襲した構成の本章が 1 つの例となればと考えている。

7.1. 先行研究

　日本国内のモチベーション研究の流れを振り返った上で、Ushioda (2013) は、"Demotivation is obviously viewed as a significant phenomenon in English language education in Japan (p. 9)" と述べ、日本の英語教育において学習意欲の減退は明らかに注目するべき現象であり、さらに、日本はこの研究分野をリードしている、とコメントしている。Kikuchi (2013) では、国内の学会誌や大学紀要に掲載された学術論文や修士論文も含め (e.g., Arai, 2004; Tsuchiya, 2006a, 2006b; Ikeno, 2003; Kojima, 2004)、学習意欲の減退に関しての先行文献を振り返っているが、確かに昨今の国際的な学術雑誌に掲載されている demotivation に関する論文をみると、日本の文脈に関して扱ったものが目立つといえよう。その内容としては、様々な研究者たちがどのような要因を学習者が動機減退要因として認知しているか、またその要因が学習者の習熟度、モチベーションの高さと関連しているか、またどのようにやる気を失った学習者のやる気を高めるか、学習者のやる気を維持できるかなどの

研究課題に関して知見が蓄積されている。

　Dörnyei and Ushioda(2011)は、今までの学習動機減退要因の研究において、学習者が教室内でどのような要素を学習動機減退要因として認識しているかに注目してきた。しかし、その一方、今後の研究においては、どのような要素が学習者の意欲に消極的に働いているのかについて、より幅広い社会文化的文脈から見つめ直す必要があると指摘している。それでは、日本人英語学習者にネガティブに働く社会文化的要素にはどういったものがあるだろうか。まず最初にあげられるのが大学入試の存在であろう。20年ほど前、Brown and Yamashita(1995)は、以下のような表現で大学入試のために勉強をする若者たちの状況を表現していた。"*shiken jigoku*, or examination hell, … describes the months and years that Japanese young people spend preparing for entrance examinations"(p. 8). 大辞林　第3版(2006)によれば、試験地獄とは「競争の激しい入学試験に合格する苦難を地獄にたとえていう語」とある。確かに1980年代くらいまでは、そういった「試験地獄」を経験する高校生も多かったかも知れない。当時は、現役生、浪人生といった言葉で志望する大学に高校卒業後すぐに入学できる生徒とそうでない生徒を形容し、多くの学習塾や予備校が乱立していた。しかし、日本における少子化の流れの中で、現在は大学への入学志願者がえり好みをしなければ、どこかの大学に入れるという「大学全入時代」になったと言われている。知恵蔵(2014)では、以下のようにこの「大学全入時代」を説明している。

　　少子化で大学や短大への入学希望者が急減し、大学や学部の新設で入学定員の数が微増して2007年春に同数となる、つまりえり好みしなければ全員が入学できるようになると予想されていた。しかし、景気回復の影響で入学希望者が予想を上回り、実際に同数となるのは数年先に持ち越された。しかし、知名度が低い私立大を中心に、すでに全入どころか定員割れが相次いでいる。日本私立学校振興・共済事業団のまとめでは、07年春に定員割れした私大は221校で全体の40％、このうち17校は定員の50％も入学していない。私立の短大はさらにひどく、定員

割れは 225 校と全体の 62％に達している。

近年では、高等学校からの内申書や校長からの推薦状をもとに選抜する従来の推薦入試に加え、AO 入試方式とよばれる「書類審査や面接など人物本位の選抜を行う大学入試の方式（イミダス，2014）」も存在し、様々な大学への進学の方法が存在する。このような「大学全入時代」においては、受け入れる側である大学も、入学してきた学生に対する入学後の初年次教育に工夫をこらさなければならなくなってきたといえよう。以前なら、学力試験によって一定の学力がある志願者をふるいにかけて入学させる事が可能であったが、「大学全入時代」では様々な入学の方法を経た多様な学生を受け入れることとなった。そういった学生たちを大学における学習を支援するために、特に初年次に特別な取り組みが必要となってきたのである。

　また、英語学習の面からも、大学入学後の初年次は重要な時期といえよう。例えば、英語学習へのモチベーションに関して述べると、大学生の英語学習に対するモチベーションは、大学入学直後に減退するという状況も見出されている（Hayashi, 2005; Kikuchi & Sakai, 2014; Sawyer, 2007）。この点について Berwick and Ross（1989, p. 207）は、日本の大学での英語教育は "motivational wasteland（動機づけの荒れ地）" であると揶揄した。つまり、高校までの英語教育では大学入試のため、中間・期末試験のためといったさまざまな試験を目標に勉強をしていた学生たちは、コミュニケーション力をつける、将来に役立つといういわば TENOR（Teaching English for No Obvious Reasons）と Abott（1980）が呼ぶような授業に対してモチベーションを維持する理由を見出せず、出席していれば単位がもらえる、などといった考えを持つことも多いかもしれない。確かに、4 月入学時に目を輝かせて英語の授業に臨んでいた新入生が、時を経るにつれて授業に積極的に参加しなくなり、ついには授業に来なくなるような例もあるであろう。そういった学生たちの生活には何が起きているのだろうか。どういった経験が彼らの学習意欲にポジティブにあるいはネガティブに影響しているのであろうか。従来の学習意欲減退要因に関しての研究は、教室内で起きている経験を分析対象としてお

り、教室外で起きている様々な出来事が学習意欲に影響しているかについては研究されてこなかった。そういった背景もあり、「大学全入時代」と呼ばれる昨今においてどのような社会文化的要素が学習者にネガティブに働いているかを調査する事は極めて重要であろう。

　Dörnyei & Ushioda (2011) では、モチベーション研究の焦点は、様々な展開の後、"socio-dynamic period (社会的・動的な時代)" に入ったと述べている。こういった研究の流れの中で Ellis & Larsen-Freeman (2006) は、モチベーションは、以下のように解釈できるとしている。

> less a trait than fluid play, an ever-changing one that emerges from the processes of interaction of many agents, internal and external, in the ever-changing complex world of the learner (p. 563)

つまり、Ellis & Larsen-Freeman (2006) では、モチベーションを性格や適性のような固定的なものでなく、学習者の身の回りで変化をもたらす多くの主体との内的、外的な相互作用を経て常に複雑に変化し続ける流動的な働きであると述べている。それでは、日本での英語学習におけるモチベーション研究にこの考え方をあてはめたらどのようなものになるだろうか。例えば、ある学習者のモチベーションを高い／低いと判断した場合、そのモチベーションの高さ／低さにどのような原因が影響したかといった原因・結果に注目して研究をするのではなく、その学習者が様々な出来事や人との相互作用によってモチベーションをどのように変化させていくのかを研究していく事になるであろう。つまり、大学生であれば、クラスメートや履修している授業、専攻やあるいは、先程述べた「大学全入時代」という時代背景において、大学における専攻や履修している授業、あるいは教員やクラスメートとの相互作用といった社会文化的要素も研究対象として成り立ち、学習者がそれらの要素とどのような相互作用をもつかを研究することとなる。

　上記を踏まえて、本研究では日本人の大学1年生の英語学習に対するモチベーションの10カ月間の変化に注目することとした。調査は、ある私立

大学に在籍する1年生20名に5月から7月までの前期に3回、10月から1月までの後期に4回グループ・インタビューを実施し、それぞれのインタビューの前後に質問紙への回答を依頼した。また、学年末には2学期間を振り返り、自らの視点からモチベーションの変化に関してエッセイ・レポートを書いてもらった。これにより、入学時のモチベーションの度合いを診断し、そのモチベーションが1カ月ごとにどのように変化をするかを調査することが可能となる。また、月ごとのインタビューと年度末のエッセイ・レポートを通して、どのような出来事や人々が個々のモチベーションの変化に影響を与えるか、また各個人にどのような違いがあるかを見出すことを試みる。

なお、本研究でのリサーチ・クエスチョンは以下の2つである。
1. 学習者の英語学習に対するモチベーションは様々な出来事や人々にどのように反応し、適応するのか？
2. 学習者の英語学習に対するモチベーションは1年でどのように変化するのか？

7.2. 研究方法

7.2.1. 参加者

東京近郊の私立大学に在籍する大学1年生20名が本研究の調査への参加者である。この中で16名は筆者が担当している看護学科対象の英語授業の履修者で、残りの4名は別の教員が担当している国際学科対象の英語の授業を履修していた。すべての参加者は研究参加時に18歳か19歳で高校を卒業したばかりであった。ニュージーランドに6年間滞在した男子学生1名以外の19名は女性で、1年以上の海外滞在経験はなかった。

7.2.2. 質問紙

本研究では、Taguchi, Magid, and Papi (2009) で使用されたMotivation Questionnaireに基づく35項目を使用した。この35項目は①動機づけ（4項

目)②理想自己(5項目)③義務的自己(4項目)、④英語学習に対する態度(4項目)⑤文化に関する興味(4項目)⑥目標言語のコミュニティーに対する態度(4項目)⑦道具的―接近(5項目)⑧道具的―回避(5項目)の8要素に関してのそれぞれ括弧内の項目数設けたものである。なお、各構成概念の詳細に関しては以下の通りである。

・動機づけ：学習者の英語に対する意図的努力
・理想自己：学習者の理想自己の中での英語に対する側面
・義務的自己：悪い結果を避けるために学習者が持っているべきだと信じている義務感や責任感などの特性
・英語学習に対する態度：身の回りの学習環境や経験に関連した状況に応じたモチベーション
・道具的―接近：お金を稼ぐ、よりよい仕事をみつけるなどのために英語の高いスキルを達成しようとするなどの個人的目標に基づく自己調整
・道具的―回避：試験に合格するために英語を勉強するなどの義務感に基づく自己調整
・文化に関する興味：テレビや雑誌、音楽、映画などの英語圏文化に関するものへの学習者の興味
・目標言語のコミュニティーに対する態度：学習者の英語を話すコミュニティーに対する態度

7.2.3. 手続き

2012年4月、筆者は大学1年生向けの必修英語2科目の授業中に本研究への参加者を募った。1科目は研究者担当による看護学科対象、もう1つの科目は別の日本人専任教員担当者の国際学科対象の英語科目であった。参加者募集の説明の中で調査参加者は、5月、6月、7月、10月、11月、12月、1月の計7回グループインタビューに参加し、質問紙に毎回のインタビューの前・後に回答をすることが条件であること、また毎回のインタビュー参加毎に約800円が支払われることが説明された。なお、研究倫理上の配慮と

して本研究への参加は途中でいつでも中止できるようにした。その結果、20名が本研究に当初参加したが、1名が10月に、2名が11月に本研究への参加をとりやめた。残りの17名の参加者は後期末まで計7回インタビューに参加した。インタビューは通常30分から60分ほどで昼休みか放課後に行われた。また、後期末に全てのインタビューセッションを終わった後、各自のモチベーションの変化に関して振り返りのエッセイ・レポートを書き、メールにて提出することを求めた結果、14名の参加者が提出した。

全てのインタビューは参加者の同意を得て録音し、3名の大学3・4年生の研究アシスタントによってインタビューの書き起こしが行われ、筆者が録音データと書き起こしデータの確認を実施した。質問紙データに関してはスキャナーによって処理をし、統計処理のため、表計算ソフトに入力後、分析を行った。

7.2.4. 分析

質問紙データは、調査参加者の特徴を理解するために記述統計を中心に分析され、インタビューの書き起こしデータは、研究者によって実際の録音との違いも含め、確認された。これらの作業の後、(1) data reduction, (2) data display, and (3) conclusion drawing の3段階 (Miles & Huberman, 1994) で質的分析が行われた。質的分析の中で cognitive maps (Miles & Huberman, 1994, p. 134) が作成され、質的分析に使われた。

7.3. 研究結果

本セクションでは、量的・質的分析の双方の結果を示す。まず初めに4人の学習者から得られた質問紙データの記述統計をグラフ化し、10ヶ月の間の彼らのモチベーションの変化に関する量的データを提示する。次に質的分析の結果を cognitive maps にて提示する。

7.3.1. 量的データに基づく学習者の変化

量的データの分析を始めるに当たって、前期と後期の 7 回の時点で収集した質問紙 (6 件法) の記述統計を分析し、20 名中、4 名の学習者を日本で英語を学習する大学 1 年生で異なる学習者のタイプとしてまず選んだ。以下にその 4 名の学習者に関してグラフの変化を中心に描写する。なお、図 7.1 から図 7.4 では、前期 (5、6、7 月) と後期 (10、11、12、1 月) の 7 回に収集した質問紙上の①動機づけ (動機) ②理想自己 (理想) ③義務的自己 (義務)、④英語学習に対する態度 (態度学習) ⑤文化に関する興味 (文化興味) ⑥目標言語のコミュニティーに対する態度 (態度コミ) ⑦道具的―接近 (道具 1) ⑧道具的―回避 (道具 2) の 8 要素の平均値 (1–6) をグラフ化したものである。なお、以上のリストでの括弧内はグラフ中でのコードを示している。また、4 名の参加者には個人の特定を避けるために別名をつけた。

ひかり：図 7.1 でみられるようにひかりのモチベーションは、前期開始時から低下している。その内容を見てゆくと、義務的自己や試験でよい点をとることに関わる道具的モチベーションは「義務」「道具 2」にみられるようにずっと低いままだが、文化的興味や英語を話すコミュニティー、個人的目標に基づく道具的モチベーションは逆に高いままである。ひかりは、英語圏文化、コミュニティーに高い興味を持ち、よい仕事につくために英語を勉強したいというモチベーションは高いが、身近な学習環境に対する評価が低くあまり努力をしないタイプの学習者例として選んだ。

ありさ：図 7.2 に示されているとおり、ありさのモチベーションは基本的に低下傾向にあるが、概してそれほど変化しない。英語圏コミュニティーに対しての興味は高いが、義務的自己は特に低いままである。この結果から、ありさは、英語圏コミュニティーに対する興味は高いものの、英語学習に対するモチベーションが特に大きく変化しない学習者の例として選んだ。

みさ：図 7.3 でみられるように、意図的な努力を伴う動機づけと理想的 L2

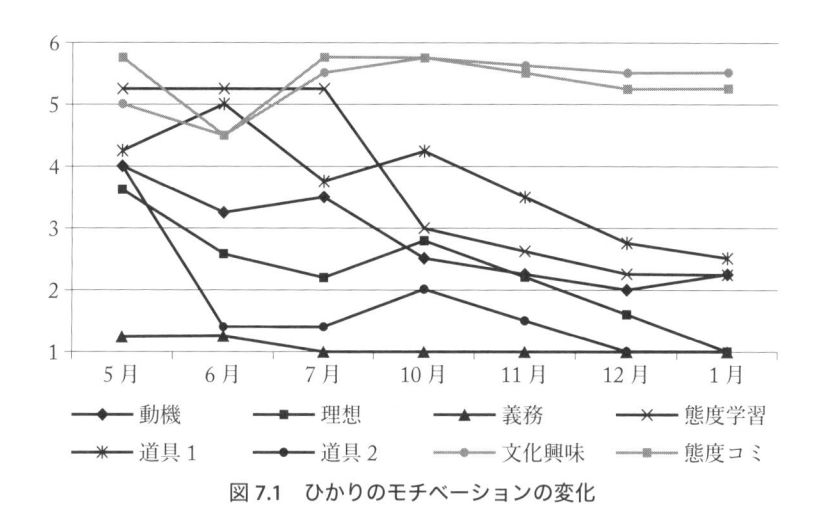

図 7.1　ひかりのモチベーションの変化

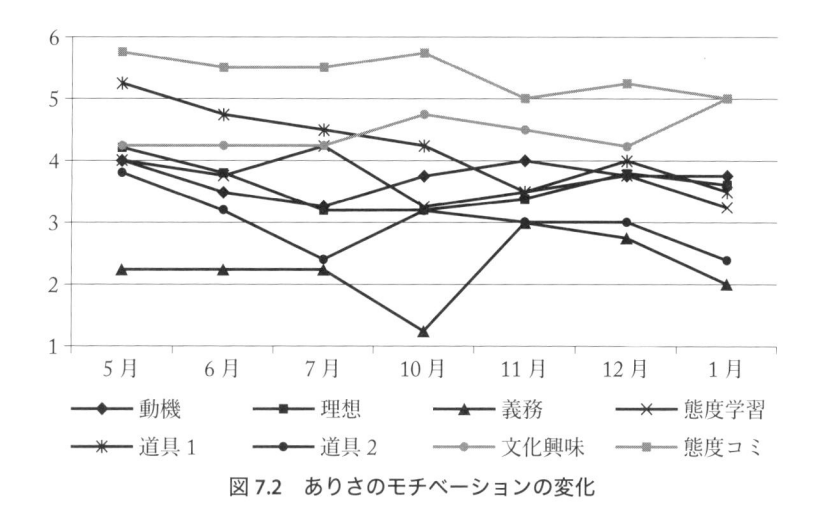

図 7.2　ありさのモチベーションの変化

自己は低めなものの、みさのモチベーションは基本的に高いまま推移している。みさは、外国語を使う理想的自己はあまり高くないが、モチベーションは一定で高めの学習者として選んだ。

よしこ：図 7.4で示されているように、よしこは年間を通して 8 つのモチ

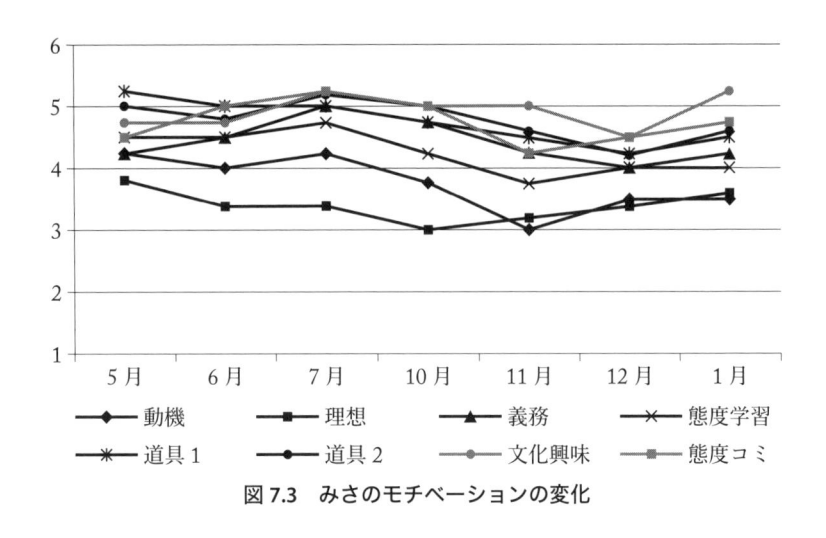

図7.3 みさのモチベーションの変化

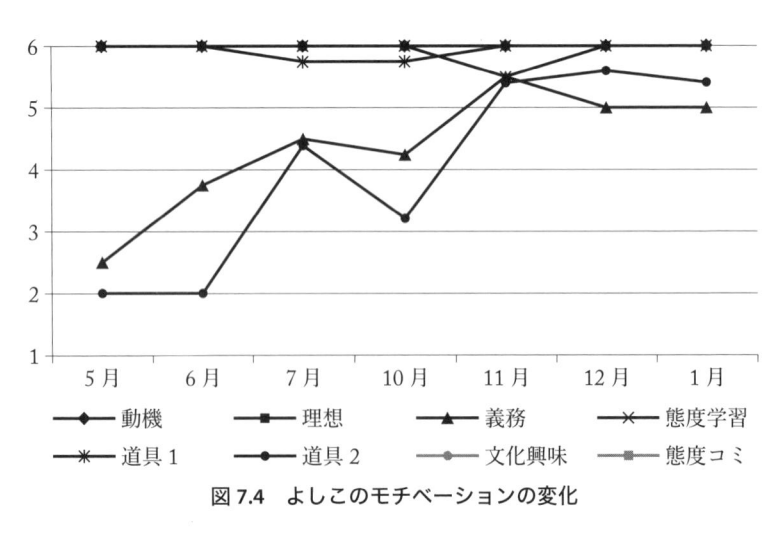

図7.4 よしこのモチベーションの変化

ベーション概念の中で2つ以外は平均値がずっと5.5か6となっており、年間を通してとても安定した高いモチベーションを維持している。また、入学当初はそれほど高くなかった、義務的自己や試験で成功するために勉強する、といった動機的モチベーションも徐々に高めていっている傾向がみられた。それゆえ、よしこは、安定した高いモチベーションを持ち、上昇志向の

高い学習者として選んだ。

7.3.2. Cognitive maps を用いた質的分析結果

　本節では、前節で示したひかり、ありさ、みさ、よしこの4名の学習者に関しての量的データの分析に続き、毎月ごとのインタビューデータおよび後期末に提出されたエッセイから収集した質的データを用い作成した質的分析結果を、4つの Cognitive map を用いて示す。各々の map においてモチベーションの上昇・減少に関わるさまざまな出来事や言及内容に関して四角で表した。また、特に重要な学習意欲を高めた要因、低めた要因に関しては太線で囲った四角で表した。

　ひかり：図 7.5 に示したとおり、ひかりのモチベーションの変化には4つの経験が大きく関わっていた。大学に入学してからすぐの5月のインタビューでは、多くの会話練習などを含んだ英語の授業の楽しさや英語でライティングをすることの楽しさに触れ、それらの目新しさに関して言及した。「落ち込むこともあるかもしれないけれど、食べたらすぐに忘れる」といった発言もみられ、ひかりはいつも英語に対する積極的な思いに関して熱心に話していた。別のインタビューの中でも好きだから英語の勉強は苦でない、海外の物事にも看護師になりたいから自然と興味を持つなど積極性がみられる発言が多かった。前期の間、ひかりはそのモチベーションを維持し、夏休みには自分の専攻である看護学科生対象のハワイでの夏季短期留学プログラムに参加した。ハワイには9日滞在しただけであったが、ひかりは日本語を理解できない先生のもとで朝8時から夜8時まで授業を受けることができ、英語を話す環境の中でとてもよい経験をしたとのことだった。また、後期の最初のインタビューで夏休み中にはクレープを買いたいという外国人に遊園地で話しかけられ、英語で話した経験にも言及した。夏季短期留学プログラムに参加したこととその遊園地の経験はとても印象的だったとのことであった。

　しかし、そのような経験にも関わらず、後期にはひかりの英語の授業に対

```
┌─────────────┐ ┌─────────────┐ ┌─────────────┐ ┌─────────────┐
│多くの会話練習│ │夏休み中に　　│ │担当教員が変　│ │英語を勉強する│
│に授業で積極　│ │ハワイの短　　│ │わったのでモ　│ │時間をつくるの│
│的に取り組んだ│ │期留学プロ　　│ │チベーション　│ │が難しい　　　│
└─────────────┘ │グラムに参　　│ │が低まった　　│ └─────────────┘
┌─────────────┐ │加した　　　　│ └─────────────┘ ┌─────────────┐
│英語でのライ　│ │　　　　　　　│ ┌─────────────┐ │教員が話し続け│
│ティングに新　│ │　　　　　　　│ │授業中に話す機│ │ている授業のス│
│鮮味を覚え楽しんだ│ │　　　　　　│ │会がほとんどな│ │タイルに不満を│
└─────────────┘ └─────────────┘ │いと感じた　　│ │感じた　　　　│
┌─────────────┐ ┌─────────────┐ └─────────────┘ └─────────────┘
│好きだから英語│ │遊園地で外　　│ ┌─────────────┐ ┌─────────────┐
│を勉強する事は│ │国人に英語　　│ │英語の語彙を忘│ │留学プログラム│
│簡単だと感じて│ │で話しかけ　　│ │れてきていると│ │に参加したいの│
│いた　　　　　│ │られたが、　　│ │感じた　　　　│ │で英語を頑張り│
└─────────────┘ │うまく対応　　│ └─────────────┘ │続けたいと思った│
┌─────────────┐ │できた　　　　│                   └─────────────┘
│看護婦になりた│ └─────────────┘
│いので自然と海│
│外の物事を知　│
│ることに興味を│
│もった　　　　│
└─────────────┘
┌─────────────┐
│落ち込んでもす│
│ぐに立ち直ると│
│いったポジティ│
│ブな態度であった│
└─────────────┘
─────────────────────────────────────────────────────────────────▶
         前期                            後期
```

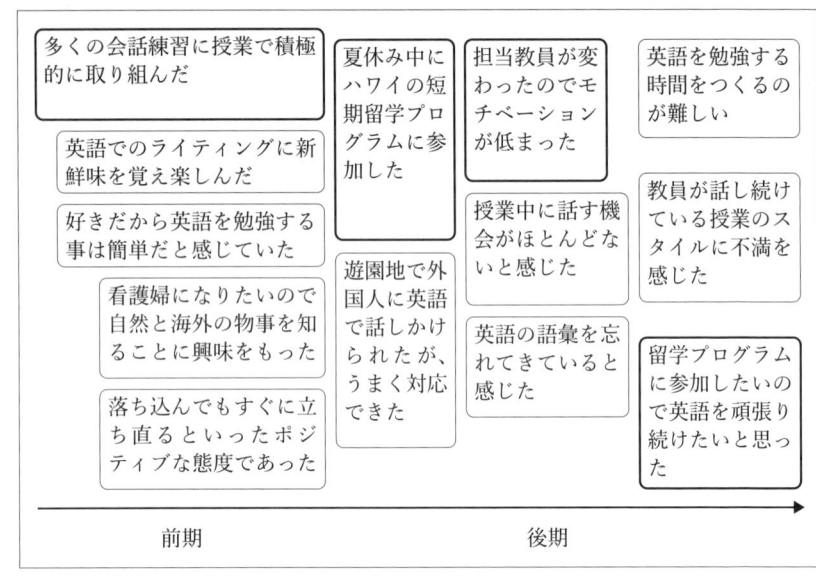

図 7.5　ひかりのモチベーションの変化に関する cognitive map

してのモチベーションは低くなったようであった。後期の最初のインタビューで前期とは異なる教師に対してのフラストレーションに関して以下のように言及した。なお、インタビューは、3対1のグループインタビューで行われていた。ひかりの発言中に共に話していたそのうちの1人の発言に関しては「別の学生」の発言として記述してある。

ひかり：友達が休んじゃって風邪引いちゃって、風邪で休んでますって伝えたら、したらなぜかそこで Please get well quickly. っていうのを Repeat after me って。
別の学生：5回くらい、once more please って
ひかり：ずっと言わされて…伝える、伝えればいいじゃんって思ってオッケーってみんなで言ってたらなんか…Repeat after me って。
別の学生：何回も言うんだもん…。

風邪を引いてしまった友人が休むという用件をただ伝えたかっただけなのに、病気の人に使う「お大事に」に当たる表現をその教員は教え、数回繰り返し言わせ、定着を図りたかったようである。その一方、用件を伝えたかっただけのひかりは、なぜか同じ表現を何度も言わされ、とまどったのである。教師のある種唐突ともいえる狙いとその狙いを理解できない学習者の間でコミュニケーションがうまくとれていない様子がよく伺える。

　その同じインタビューの中で、ひかりは後期の初めのモチベーションは高く、ハワイから帰ってきてから英語を話したいという思いでいっぱいだったと話していた。2名の後期の授業の新しい担当者のうちの1名の外国人教師に対し、「一方的な感じがあって、で、こっちから言っても抑圧されちゃう」とし、「春セメ（前期のこと）みたいによしやろうって思った感じが、ちょっとなくて、なんかもういいやって感じになっちゃいました」とも語っていた。彼女は、英語でたくさん会話をしたいという自分の期待とその教員の教え方とのギャップにうまく適応できていなかったのであろう。

　しかしながら、幸いなことに彼女は徐々にこの教員の教え方に慣れていったようだ。その後のインタビューでは、この教員との意思疎通がうまくできるようになってきた、と話してくれた。ひかりには、3・4年生になったら海外インターンシッププログラムに参加したいという思いがあり、その目標が自分のモチベーションを維持することに寄与しているようであった。

ありさ：図 7.6 では、ありさの英語学習に対するモチベーションの変化を示した。ひかりと比べるとありさは、モチベーションの変化をもたらす経験をそれほどしていないようであった。実際、彼女からインタビューで常に得た印象は、英語学習のモチベーションに関してあいまいで、どっちつかずの状態になっている様子であった。前期に実施されたインタビューにおいて、「町中を歩いていて英語をぺらぺら話している人をみたら、すごいとは思うが、別にそうなりたいとは思わない。客観的にはすごいと思うけれど…　もし、テストで 80 点や 100 点がとれればやる気は高まると思うけれど…」と発言していた。また、ありさは、英語に費やす時間はないが、旅行をして新

しい人々と出会うことには興味があると語っている。ただし将来的に英語の資格試験のために勉強をする必要があるかもしれないが、現時点では英語に対して強い必要性を感じない、という発言もあった。例えば、あるインタビューの中でありさは、「締め切りか何かがあったら勉強をするかもしれないけれど、今はそれがないから…」ともいっており、また「(このインタビュー以外でよく質問されるが)英語に対してそれほど一生懸命に考えることはない」とも述べている。そして、後期のインタビューの中でありさは、英語の授業は眠くて、集中できない。宿題はやるけれど、それ以外に特に何かすることはないと言っていた。

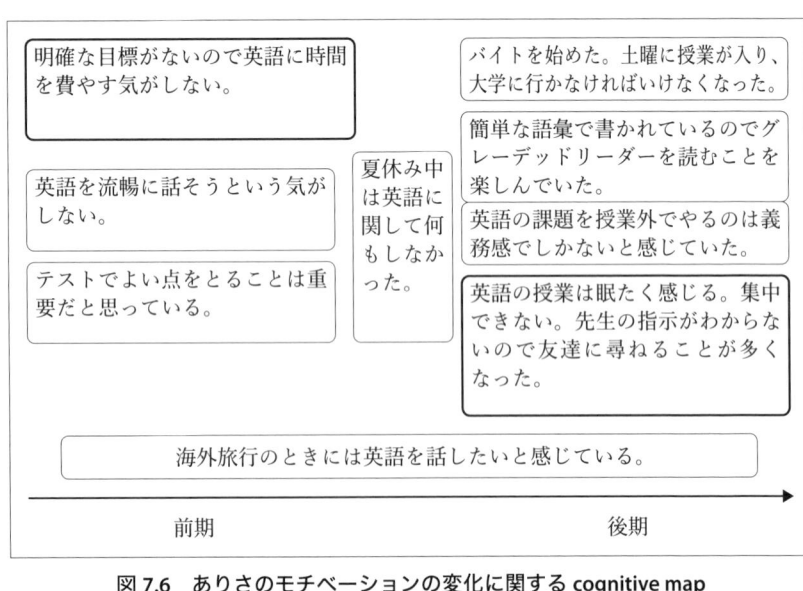

```
┌─────────────────────────┐                    ┌─────────────────────────────┐
│ 明確な目標がないので英語  │                    │ バイトを始めた。土曜に授業が │
│ に時間を費やす気がしない。│                    │ 入り、大学に行かなければいけ │
└─────────────────────────┘                    │ なくなった。                 │
                                                └─────────────────────────────┘
┌─────────────────────────┐  ┌──────────┐      ┌─────────────────────────────┐
│ 英語を流暢に話そうという  │  │夏休み中は│      │ 簡単な語彙で書かれているので │
│ 気がしない。              │  │英語に関し│      │ グレーデッドリーダーを読むこ │
└─────────────────────────┘  │て何もしな│      │ とを楽しんでいた。           │
                             │かった。  │      └─────────────────────────────┘
┌─────────────────────────┐  │          │      ┌─────────────────────────────┐
│ テストでよい点をとること  │  │          │      │ 英語の課題を授業外でやるのは │
│ は重要だと思っている。    │  │          │      │ 義務感でしかないと感じていた。│
└─────────────────────────┘  └──────────┘      └─────────────────────────────┘
                                                ┌─────────────────────────────┐
                                                │ 英語の授業は眠たく感じる。集 │
                                                │ 中できない。先生の指示がわか │
                                                │ らないので友達に尋ねることが │
                                                │ 多くなった。                 │
                                                └─────────────────────────────┘

     ┌───────────────────────────────────────────────────────────────┐
     │ 海外旅行のときには英語を話したいと感じている。                │
     └───────────────────────────────────────────────────────────────┘
     ────────────────────────────────────────────────────────────────→
              前期                              後期
```

図7.6　ありさのモチベーションの変化に関する cognitive map

　ありさに関しては、さきほど述べたように英語学習にやる気を出してやっているというよりは、むしろやる気がない、という印象を持った。しかし、質問をすると graded readers などのやさしい英語で書かれた本を読むのは楽しい、といった発言をする。このことから、モチベーションがあるわけでもないわけでもない、という ambivalent ともいえるあいまいな状態であると

判断した。

みさ：図7.7にみさのモチベーションの変化をみてとることができる。図の一番下に表したように彼女はインタビューの中で自分の専門に関わる勉強やオーケストラ部を優先しており、英語のことを考えている余裕はないと時折発言していた。彼女は、前期の第1回のインタビューで、英語の授業がとても簡単に感じていて、自分のモチベーションを上げるのが難しいと話していた。また、自分は英語が得意でないが、もっと難しい教材を読みたいと言及していた。さきほどのどっちつかずであったありさとは対照的にみさは、英語の事を考える余裕はないとしながらも自分の英語力を高めることに関心を持っているようである。みさは、前期の中間にあったスピーキングテストがうまくいかなかったので不安だったが、前期の最後に授業で英語の映画をみてもっと英語に触れていたいと思ったということだ。しかし、その後の夏休みの間は大学入試の準備をしていた妹の勉強をみることはあったが、自ら

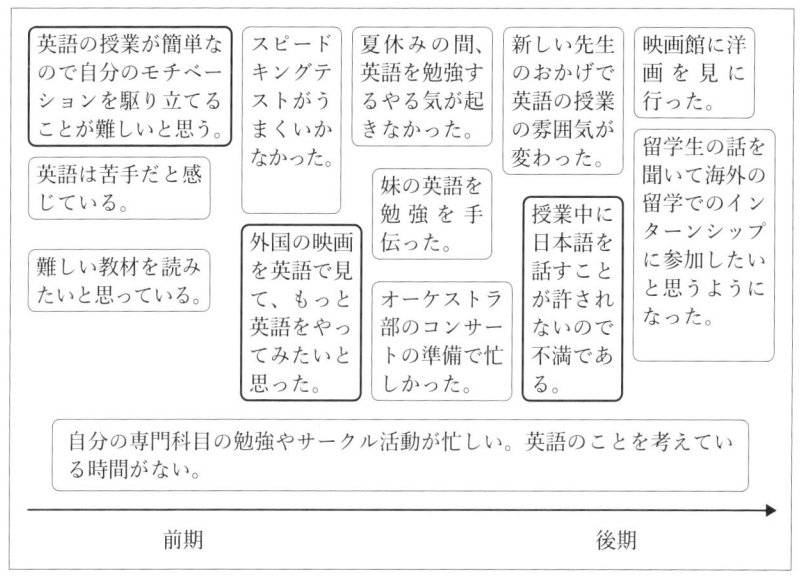

図7.7　みさのモチベーションの変化に関するcognitive map

英語を学びたいというモチベーションはなく、実際はオーケストラ部のコンサートの準備で忙しかったということだった。

　ひかりと同様、後期の初めにはみさも担当教員が変わったことにより英語の授業の雰囲気が変わったことに対してのとまどいがあったようだ。例えば後期の授業では教員から日本語を使ってはいけないというルールが示された。そのため、教員が英語で何をいっているかがわからず、友達に日本語で確認すると、教員から注意されるようになったのだという。以下はその際のインタビューの一部である。

　　みさ：なんかわかんないことがあっても、友達にこれなんて言ってたって聞くのもだめみたいな。Hello, Hello ていわれて止められちゃって。聞くんだったら手を挙げて私に聞いてっていわれるんですけど。それがわかんないから聞いてるんだけどなっていうのもあって。易しい英語で話してるなっていうのはわかるんですけど、それくらい許してくれない？みたいな。

新しい環境の中で指導方法が変わり、不満のような思いが伺える。しかし、同じインタビューの中でみさは次のような興味深い発言をしている。

　　みさ：でも、秋セメ（注：後期の意）の授業の中では一番やる気っていうか「やってやろう」っていう気持ちは英語が一番あると思います。っていうのも、先生が変わってやっぱり注意されることが多くなったんで、注意されないように、逆にもう言い返すじゃないんですけど「ここはこうだと思います」っていえるくらいになってやろうじゃないかって思ってる自分がいて、っていう意味ではまあやる気は一番あると思います。ほかの授業にくらべては。

この語りにおいて、みさが注意をされないように「やってやろう」という気持ちを持ったという言及が興味深い。日本語を使ってはいけないというルー

ルや前期とは違った雰囲気の授業の中でとまどったものの、逆に他の授業に比べてやる気は一番あるとまで発言をしている。このことから、学習意欲減退要因ともみられる経験が、時には高揚要因として働いていることがみてとれる。

なお、12月のインタビューでみさは、友人と映画館に洋画を見に行って、モチベーションが高まったと発言していた。また後期の後半で留学生が特別に1度授業に参加し、その留学生の話を聞いた後にはひかりと同様海外のインターンシッププログラムに将来参加したいと思ったと述べている。専攻の授業や部活で忙しいというみさだったが、年間を通して幾つかの動機高揚要因を経験しているようであった。

よしこ：図7.8をみると、よしこは看護学科在籍の他の3名の学習者と比べ、より多くの経験をしていることがよくわかるであろう。彼女は国際学科に在籍しており、英語を使用して何かをするということがそれほど身近でない看護学科の学生とは異なる。そのため、幾つかの学習意欲減退要因とみら

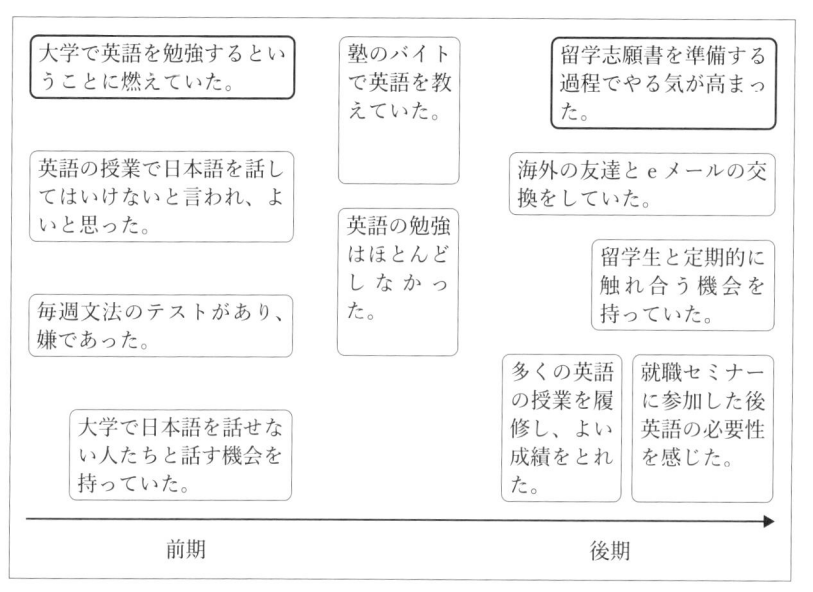

図7.8 よしこのモチベーションの変化に関する cognitive map

れる経験しているにも関わらず、よしこが英語学習に対してのやる気に満ちていることが伺えるだろう。例えば、前期の最初のインタビューで構文に関する毎週の小テストに対してはモチベーションが下がるということだったが、「同じことをずっとやっているので。やめてしまおうとは思わないがもっとやろうとはならないです。」と話し、自分の学習意欲には強く影響しないということだった。また、夏休みの間も塾で英語を教えることもあったが、忙しいという状況の中でも英語のことは常に考えていたとのことだった。

　よしこは、入学当初から英語を一生懸命、勉強しようと思っていたという。そのため、英語の授業で日本語禁止と言われたのがよかったと感じ、日本語を話せない留学生とも話す機会があったとのことだった。その結果、前期の成績もよく、後期になって英語で行われる授業を多く履修できるようになったということである。その結果、それらの授業の中で学年が上の学生と話す機会を得られたということである。

　　よしこ：あと、先輩と同じ授業もすごく増えたので、春に比べて。で、先輩っていうのはやっぱり私よりできるわけなのでやっぱり意識は変わりますね。あと先輩からいろいろ話を聞けるので、こんなことしてたよ、とか、こんなことしてますみたいなことを聞けるのは1つ良いことだと思っています、春は1個もなかったので先輩と同じ授業が。だからそれは良いことだと思っています。

以上は、後期の第1回インタビューでの彼女の発言である。後期になって彼女はよい影響を与えてくれる先輩と出会い、キャンパスで留学生と定期的に触れ合う機会や海外の友達とメール交換もする機会も得るなど、様々な人々によってさらに動機づけが高められていたようだ。さらに、2年生向けの就職セミナーにも出席をし、英語の必要性を強く感じたという経験もした。また、年末には、1年間の長期留学プログラムに志願することを決意し、その志願書作成やインタビューの準備で忙しくなったと述べている。そ

して、後期末に提出してもらったエッセイでは、そのことが強いモチベーションになったと記述されていた。最終的に彼女は 1 年間の留学プログラムに無事に合格したとのことだった。

7.4. 考察

　どのようなことがモチベーションを高める要因になるのか、あるいは減退させる原因になるのか、その質問に対する答えが簡単ではないことは本研究での量的・質的分析の結果から明らかになったであろう。学習者の英語学習に対するモチベーションは様々な出来事や人々にどのように反応し、適応するのか、学習者の英語学習に対するモチベーションは 1 年でどのように変化するのかという 2 つのリサーチ・クエスチョンを踏まえて以下で考察をしたい。

　4 名の参加者のうちの 3 名は看護学科に在籍し、同じ英語の授業を履修していた。3 名とも後期に担当になったある教員に対する不満を挙げ、うまくコミュニケーションがとりにくいことが自分の学習意欲に関連するとしていた。今回の分析にとりあげた 3 名以外の 13 名の看護学科生にもインタビュー調査を実施しているが、他の多くの参加者からもこの教員に関しては学習意欲減退要因となりうると指摘があった。しかし、さきほどとりあげたようにみさはこの教員に対する不満から「やってやろう」という気持ちを持ったと話していた。このことから、教員とうまくやっていけないなどの不満や苛立ちが学習意欲減退要因となる場合も多いが、そこには個人差があり、人によっては、そういった経験が学習意欲高揚要因となりうるというよい例であろう。

　また、学習意欲は、アルバイトやサークル活動によっても影響を受けることが見出された。本研究では、特にありさとよしこの例では、モチベーションにアルバイトが何らかの影響を及ぼしていたようだ。ありさは、後期になってアルバイトのおかげで疲れを感じ、授業中眠いということだった。よしこは夏休みの間のアルバイトの影響に関して言及したが、自分の英語学習

のモチベーションに影響は与えなかったとのことだった。さきほど触れたように忙しかったが、英語について常に考えていたという。この点に関しては、年間を通して自分の専攻のための勉強と部活に優先順位があり、夏休みの間は英語に関しては特に何も考えなかったというみさのような看護学科の学生と対照的だ。

　後期の開始時は、学習者の関心を学業に向かせるという点で重要だということも今回の質的分析の中で示唆された。後期開始時にひかり、ありさ、みさの3人は新しい教員とうまくなじめず、その後モチベーションを高める要素を経験はするが、なかなか行動に移せないようであった。1月までのインタビューにおいて前期と比べるとインタビューの中でも本人たちもそれを認めるほど、なかなか覇気がなかった。後期開始時に自分の履修したい科目を履修でき、よいクラスメートに恵まれたというよしことは対照的である。よしこは、後期は忙しくなったというものの、いつも英語に関して何らかの助けや目標を見つけ、最終的には1年間の長期交換留学プログラムに応募し、選考に通るまでに至った。なお、後期末に収集したエッセイでは、ひかりとみさが授業内で留学生の話を聞いて海外の病院でのインターンシップ・プログラムに参加したいと思ったと書いていたが、実際その後どうしたかは残念ながらわからない。

　量的データをみても明らかなようによしこのモチベーションは非常に高いまま推移している。よしことありさ、ひかり、みさの他の3名との違いはどこから来るのだろうか。まずいえるのは、大学の専攻として国際学科を選び、英語を学習したいと4月から考えていたよしことは異なり、ありさ、ひかり、みさは専攻として看護学科を選び、英語にも興味や関心はあるが、自分の専門科目の勉強、アルバイト、サークル活動や部活などに集中していると「英語のことを常に考えている」というようなよしこのような状態にはないことである。また、よしこは、後期によい先輩や留学生に出会い、それが彼女の交換留学プログラムに応募するという目標を持ち、そのために準備をするということにつながっていった。その一方、夏休みにハワイに行ったひかり以外は他の2名は授業外でそういったチャンスに恵まれていなかっ

た。もともと非常に高いモチベーションを持っていたよしこは、自らも留学生や先輩との出会いを求めていくことができた。一方、それほど高いモチベーションを持っていなかった他の3名は、英語に興味や関心が高くてもそういった出会いもなく結果的に前期開始時ほど高いモチベーションを維持することはできなかったといえる。

　よしこと対照的なのは、ひかりであろう。ひかりは夏休みにハワイでの短期留学プログラムに参加し、後期の初めにはどうやってそのモチベーションを維持するか模索していた。しかし、よしこと異なり、ひかりの場合は、そのモチベーションを維持することを手助けするような人々や物事に出会う事がなかったのだ。逆に担当講師とうまく意思疎通がとれず、モチベーションを高めるのに苦労していた。よしことは異なり週2回の英語の授業のみが英語と関わる時間であり、授業外で彼女のモチベーションに関係するような出来事に遭遇する事は、夏休み以外はなかったようである。さらに、その夏休みにハワイ研修に行ったひかりも後期になると英語を自分が思うほど授業内でも外で使う機会がないという点で、学習意欲高揚にはつながりにくい状況であったといえる。

7.5.　結論

　本研究は、質問紙やインタビューといった量的・質的方法を用い、英語を学習する日本人大学生のモチベーションの複雑な変化を分析した。その結果、Cognitive map を用いた質的データ解釈により、学習者が様々な出来事に反応し、モチベーションを変化させていくことがわかった。また、分析の中でモチベーションの変化がみられなく、停滞してしまっている学習者の存在も明らかにし、モチベーション研究における相反性（ambivalence）も見出すことができた。

　イギリスの大学でドイツ語の授業を履修している1年生のモチベーションの変化の研究をした Busse and Walter（2013）も指摘している通り、大学1年生が外国語学習でどのような経験をしているかに焦点を当てた研究例は少

ない。さらに、日本でも「大学全入時代」における初年次教育の重要性が叫ばれているものの、実際の彼らの社会生活に関しても着目しながら彼らの大学の授業へのモチベーションの変化を調査することはとても重要といえよう。今回の結果から大学に入りたての新入生たちは様々な社会生活の変化の中で外国語学習に臨んでいることがわかった。それゆえ、外国語担当教員も彼らと接する中で彼らのモチベーションの変化を考慮に入れながら指導をしていくことが望ましいであろう。

第 8 章　学習意欲減退への対処

8.1.　動機づけストラテジーとは

　英語学習意欲減退に関しての議論の中で必ず出てくる話題として、どうやってやる気のない学習者に対処できるのかということがある。本章では、まず動機づけを高めるストラテジー(Motivational Strategies)という概念を紹介する。そして、どのような局面で動機づけを高めるストラテジーが有効か、その詳細を確認したのち、英語学習意欲減退を防止するストラテジーの議論へと進みたい。

　Motivational Strategies はドルニェイ(2005)の「動機づけを高める英語指導ストラテジー(原著　Motivational strategies in the language classroom の邦訳)」において動機づけストラテジーと訳され、「体系的で長続きするプラスの効果を実現するために、意識的に与えられる動機づけの影響(p. 30)」と定義されている。第 2 章の 2.4 で扱った Dörnyei & Otto (1998) のモデルでみてきたように、学習者を動機づけるということを考えた場合、活動前・活動中・活動後の段階において様々な局面で持続的に多様な影響を与えることが重要であるといえよう。つまり、それぞれの局面で動機づけを高めるためのマジックのようなものは決して存在しないが、教師が授業において動機づけストラテジーを用いることによって、学習者の状況に合わせて長続きするような効果を与えることを可能にするものとして考えられよう。

　さて、以下が活動前、活動中、活動後の 3 段階において有効だとされる動機づけストラテジーのリストである(ドルニェイ，2005, p. 32)。

学習開始時の動機づけの喚起〈活動前〉
　・L2 に関連する好ましい価値観と態度を強化する。
　・学習の成功への期待感を高める。
　・目標志向性を強化する。
　・教材を学習者にとって関連の深いものにする。
　・現実的な学習者信念を育てる。
動機づけの維持と保護〈活動中〉
　・学習をわくわくとしていて楽しいものにする。
　・動機づけを高めるようにタスクを提示する。
　・明確な学習目標を設定する。
　・学習者の自尊感情を大切にし、自信を高める。
　・肯定的な社会的心象を維持させる。
　・学習者の自律性を育む。
　・自己動機づけストラテジーを推奨する。
　・仲間同士の協力を推奨する。
肯定的な追観的自己評価の促進〈活動後〉
　・動機づけを高めるような追観を促進する。
　・動機づけを高めるようなフィードバックを与える。
　・学習者の満足感を高める。
　・動機づけを高めるような報酬を与え、成績評価をする。

本章ではこのリストを使い、動機づけストラテジーの使用が学習意欲減退への対処にどのように有効かを議論していくこととする。なお、論点を具体的にするために学習意欲の減退がみられる以下の4名（友梨、幸太、武、理香）の架空の大学1年生の英語学習者を設け、エピソードを入れることとする。彼らの英語学習に対する姿勢は以下のとおりとする。

友梨：友人たちと流行のファッションに関して話したり、自分の付き合っているボーイフレンドと一緒にいることが多く、最新のファッションの流行に

興味を持っている。授業中に教科書の文を予習してくるように言われても、彼女にとっては不可能だと感じている。文中にわからない単語が多すぎて辞書を引くばかりですぐに飽きてしまうのである。英語に興味が沸かず、自分は勉強に向かないと考えている。

浩太：ブラスバンド部に所属している。小さいときに数年間アメリカで生活したことがあり、日常的英語会話には問題がないと感じている。綺麗な発音で英語を話せるものの英語での読み書きに問題があると自分ではわかっている。周りの人たちが彼は英語ができると思っていることに嫌気を感じている。音楽を聞き、サックスを吹いている時間が自分にとっては楽しい時間であり、英語を一生懸命勉強するつもりはない。授業でまあまあの成績をとっていればよいと思っている。

武：中学生の時、英語は得意だったので授業にはついていけるが、高校・大学とずっと部活で野球をしているので忙しい。放課後毎日野球の練習をしなければいけないので、それ以外のことに時間をとる余裕がない。授業外で副読本をたくさん課されるが、自分は野球をしていないときはリラックスしたいと思っているのでやる気がでない。野球の練習でいつも疲れている。

理香：中学のときは英語が好きだった。しかし、高校に入って課題がたくさん出され、中学のときのように先生やクラスメートと英語を話したりする時間がなくなったので英語の授業が嫌になった。高2の4月の授業で翌日の授業開始時に小テストをするので英単語を30語毎日覚えてくるように授業で言われたが、やる気が出なかった。毎日英語の授業は、同じことの繰り返しで、テストのための勉強ばかりだと感じている。

ある教員が、年度初めに大学で友梨、幸太、武、理香の4名を含めた30名の新入生を目の前にしているとしよう。彼らに対して、動機づけの観点からその教員はどのようなことができるであろうか。なお、この4名は英語学

習に対してやる気が「ない」わけではなく、何かしらの理由でやる気が「減退」しているという点に留意いただきたい。どの学習者も何らかの理由で英語学習に対するやる気が減退しているという状況において、以下の3つの節で、学習開始時の動機づけの喚起、活動中の動機づけの維持と保護、活動後の肯定的な追観的自己評価の促進の3つのポイントに分け、教員がどのようなことができるかを考えていきたい。また、友梨、幸太、武、理香の4名に対してどのようなことをできるかを具体的に考えてもらうために、各節末にエピソードを入れた。これらを参考に、教員はどういった点に気を配って彼らの学習意欲の減退に対処することができるのかを適宜考えていただきたい。

8.1. 学習開始時にどうやって動機づけを喚起するか

・L2に関連する好ましい価値観と態度を強化する。
・学習の成功への期待感を高める。
・目標志向性を強化する。
・教材を学習者にとって関連の深いものにする。
・現実的な学習者信念を育てる。

なぜ、英語を学ばなければいけないのだろうか。日本国内で生活をする限り、それほど英語を学習しなくてもよいのでは…。こういったことを考える学習者も多いであろう。そのような学習者に対して、学習開始時の動機づけのために必要なのは、教員が学習の価値を学習者に伝える事である。第4章でとりあげたKikuchi (2009) でも報告されていた通り、多くの学習者は、大学入試のための勉強に偏重した英語学習を学習意欲の減退要因として認識していた。そういった学習者には、「L2に関連する好ましい価値観と態度を強化する」ことを視野に入れ、英語学習の目的は試験に合格する事だけではない、ということをうまく伝える事ができれば、そういった減退要因に対処できよう。

また、「教材を学習者にとって関連の深いものにする」という点に関連し、Dörnyei and Ushioda (2011, p.116) は、以下のように述べている。

> Indeed, one of the most demotivating factors for learners is when they have to learn something that they cannot see the point of because it has no seeming relevance whatsoever to their lives.

　彼らが指摘するように、学習内容が自分たちにとって関連深いものでなければ、学習者は学ぶ価値を見いだせなくなり、学習動機減退要因となるであろう。第1章で触れたように、興味のない英語の文章を暗記して誰かの前で発表する、という活動は確かに多くの生徒たちにとって単なる外国語の暗唱の強要となりえる。例えば、自分たちの好きな外国語の曲の歌詞を覚えるといった興味から始めることとは逆に教科書本文の暗唱では全くやる気が出ないといった学習者も多いと思われる。つまり、「試験でよい成績をとるためだ」と言い聞かせ、いつも彼らにとって興味のない活動ばかりをやらせていては、学習者の意欲はかき立てられないのだ。

　また、第4章にとりあげたKikuchi（2009）で報告されていたように、多くの学習者は教科書に沿って無味乾燥な授業が進行していくことを学習意欲の減退要因として認識している。単調な作業の繰り返しの授業は、学習動機の減退要因となりうるのである。もちろん学習者を様々な課題に取り組ませることによる課題の量が増加しすぎることには注意しなければならないが、彼らの興味のある課題に取り組ませるような配慮が必要であるといえよう。

　さらに、学習者が短期的・長期的目標を持てるように手助けするために、ちょっとした成功が体験できるような機会をつくることが重要だといえる。努力を惜しまず、たくさんの時間を費やさずに、外国語を習得できる人はいない。しかし、例えば自らの経験を話すなどして、小さな成功を積み重ねることの重要性を実感してもらうことが、学習意欲をかき立てるのに重要なのだ。

エピソード〈友梨のケース〉
休み時間には楽しそうに友人と話している友梨が英語読解の授業が始まるといつもうつむきがちになることにある教師は気がついた。そこで、その教師

は彼女のような生徒の興味をかき立てようとアメリカのファッション雑誌を授業教材として用いてみた。すると友梨は突然目をきらきらさせて「先生、この単語はどんな意味ですか？」と自発的に聞いてきた。さらに、友梨は放課後に教員室に来て説明を聞くかと持ちかけられると、快諾した。授業後、他の友達も連れて教員室にやってきた友梨はそのファッション雑誌に書いてある英語に興味を持ったようで教員の説明を聞いているうちに自然と勉強の仕方も聞くようになっていった。興味が沸く題材をきっかけに彼女の学習意欲がかき立てられたのだ。

8.2. 活動中にどうやって動機づけを維持させ、保護するか

- 学習をわくわくとしていて楽しいものにする。
- 動機づけを高めるようにタスクを提示する。
- 明確な学習目標を設定する。
- 学習者の自尊感情を大切にし、自信を高める。
- 肯定的な社会的心象を維持させる。
- 学習者の自律性を育む。
- 自己動機づけストラテジーを推奨する。
- 仲間同士の協力を推奨する。

　8.1.の友梨のエピソードで例を示したように、何かしらのやり方で動機づけを喚起させてもその後、どうやってその動機づけを維持させ、また保護するのかということはさらに重要だ。せっかく喚起された動機づけも、その後の持続的学習が伴わなければ何の意味もない。このことから、活動中の動機づけストラテジーの中でまず重要だといえるのは、適切にタスク（授業活動）を提示することであろう。例えば、第4章でとりあげたKikuchi (2009) でも報告されていた通り、単調なくり返しになりがちな文法訳読アプローチを用いた授業は動機づけ減退要因になりうる。

　このアプローチは外国語学習でよく用いられるものだが、動機づけの観点から考えると、どのようにこのアプローチを使った授業を展開するかが重要だといえる。もし、毎回の授業が、英単語の小テストから始まり、読解文をひたすら訳し、暗記すべき単語や文がとりあげられ、次の授業の時にはその暗記内容をチェックされる、といったことの繰り返しになっているとすれ

ば、多くの学習者は飽きてしまうだろう。

　その代わりに教師は工夫をし、バラエティーに富んだ授業活動を取り入れ、授業活動ごとにどうしてその活動をしているのかといった目的を説明するべきである。単語テストを例にとってみよう。一定の点をとらなければ罰を与える、などと強制的に何かを圧力をかけて「させる」だけでは、なかなか学習者のやる気を高めることは難しい。英単語を覚えることによっていろいろな英文が読めるようになることの面白さ、また決まった数を毎日覚えるといった習慣をつけることによって社会人になってからも応用できる、などきちんとその活動の目的や良さを学習者に理解させてから実施するなどちょっとした工夫をする必要がある。また、単語テストに向けて協同学習を促す、自律的に単語学習に対するモチベーションを維持するにはどうするかを話し合わせ、強制されずに自律的に学習することの重要性を理解させることも有益である。学習者の自尊感情を大切にし、彼らの自信を高めるために「○○点とれなければ、放課後に残す」などといったことをずっと繰り返すことは避けたいところだ。

エピソード〈理香のケース〉
理香は高2のとき経験した単語テストのことを大学に入ってもよく覚えていた。単語テストに出てきた英単語はほとんど覚えていないが、単語テストで7割の点数がとれなければ、罰として放課後残って30分居残り勉強させられた、ということをよく覚えていた。特に書けなかった単語をノートに30回書き、提出するというのは苦痛でしかなかった。大学の授業でまた単語テストを毎週受けなければいけない、と大学に入ってすぐの初回の授業で言われたが、今回は勉強をしてみようという気になった。その教師は、一定の量の英単語を毎週覚える経験は、社会人になっても仕事のうえで役に立つとか毎回の授業の終わりにはクラスメートと単語の勉強をする時間をつくる、など明るい雰囲気で英語が読めるようになる面白さを話してくれた。高校の時の威圧的な雰囲気とはまったく異なり、理香をやってやろうという気にさせたのだ。また彼女は、単語の勉強を続けていくために授業中にクラス

メートと毎週時間をとって学習できるというのはよいアイデアだと思った。高校のときは英単語と聞くと、覚えられないという先入観をもってしまっていたが、この雰囲気の授業のためにならよい機会だし、英単語嫌いを克服しようと思った。

8.3. どうやって肯定的な追観的自己評価を促進させるか

> ・動機づけを高めるような追観を促進する。
> ・動機づけを高めるようなフィードバックを与える。
> ・学習者の満足感を高める。
> ・動機づけを高めるような報酬を与え、成績評価をする。

「追観的自己評価」という言葉は英語の"positive retrospective self-evaluation"からの直訳であり、言葉だけ聞いてもなかなかイメージのつきにくい表現であろう。例えば、何かしらの学習活動が終わった後の成果に関して学習者は前向きに捉える必要がある。満足のいく結果が得られなかったときに学習者は自分の能力のなさではなく、努力をしなかったなどの他の事柄に原因を求めるべきである。この点について Dörnyei (2007, p. 729) は、次のように述べている。

> A large body of research has shown that the way learners feel about their past accomplishments and the amount of satisfaction they experience after successful task completion will significantly determine how they approach subsequent learning tasks.

もし、自分には能力がないと考え、さらに努力をしなくなれば、次の課題への取り組み方もずいぶん変わってくる。第2章で帰属理論をとりあげた際にも触れたが、自分には「能力がない」と捉えるようになってしまうとモチベーションを高めるのは難しい。また、この段階で動機づけを高めるようなフィードバック(例:何らかの報酬やインセンティブを与える)をすると学習者の満足感も上がり、ポジティブに自己評価をすることに役立つ。しかし、

Ushioda（2012）が以下のように言及するようにこういった行為は慎重に行われるべきである。

> …anything that teachers explicitly do to try to motivate their learners runs the risk of communicating the message that motivation is something which they as teachers control and regulate (by means of rewards and incentives, or threats and punishments), instead of enabling learners' own motivation from within to grow and develop (p. 80).

もしある教員が、動機づけを高めようと報酬やインセンティブをむやみに与え、ポジティブな自己評価をすることを促そうとしても、逆にそういった外発的報酬に学習者が頼るようになってしまい、自律的に自ら動機づけることができなくなる可能性があるのだ。

エピソード〈武のケース〉
前期の中盤にテストの結果が返ってきたが、武は見たくなかった。武は部活の練習が忙しくて勉強する時間がなかったので当然結果が悪い事はわかっていたからだ。それをみた教師は授業後に彼を呼び、「テスト勉強をする時間がなかったのですか」と聞いてみた。彼の英作文課題でよく部活で忙しいと書いてあるのを覚えていたからだ。武が素直に「はい、ただ大会が6月に終わるので期末テストは勉強をします。」と答えるとその教師は「努力に期待していますよ。」とだけ言った。実は武はこの授業が好きだった。なぜなら、クラスメートがいつも懸命に授業活動に取り組み、教師も様々な励ましを与えてくれているからである。その時の教師の一言を思い出しながら、期末テストには努力をして勉強をする事を決めた。

8.2. 動機づけストラテジーと学習意欲減退の防止

本章ではこれまで Dörnyei の動機づけストラテジーを紹介しながらそれが

どのように学習動機減退と関連するかを論じてきた。なお、最近の研究では、第3章でとりあげたようにもう一度モチベーションを取り戻すためのストラテジー（strategies for remotivation）、あるいは動機減退を防止するためのストラテジー（strategies for preventing demotivation）といった研究も出てきている。以下は濱田（2013）で最も有効だとされた教員のきめ細やかさ（sensitiveness）の因子に寄与していた質問項目のリストである。どの項目も今までみてきた動機づけストラテジーと重なる部分が多いことに気がつくだろう。

・英語を熱心に教える
・生徒一人一人を尊重して、気にかける
・英語力を磨き、生徒によいモデルとなるよう努める
・生徒の実態を考えた課題や活動をする
・授業内の活動や課題の意味・重要性を説明する
・課題や活動への努力も評価に入れる
・生徒との信頼関係を築く
・生徒の質問や自発的発言を歓迎する
・生徒の積極性や上達に気付き，褒める
・生徒一人一人の学力に応じた指導をする

また、その一方で、ベテランの先生方が見た場合、本章で扱ってきた動機づけストラテジーおよび動機減退を防止するためのストラテジーも、いわば当たり前のことを並べただけのように感じられるかもしれない。Dörnyei (2001) も、動機づけストラテジーを考えたときに、よい教師の模範行動といった考え方と重なることが多いと認めている。この点について、日本国内で多くの教員研修に関わっている Nakata (2006, p. 276–278) は、動機づけを高める7つの原則として以下のように示している。

・All learners have their own learning experiences and they interpret them in

their own way.
・Motivation is situated in a particular context.
・All human beings are equipped with intrinsic motivation and autonomy by nature.
・Teachers must think of learners' development from a long-term point of view.
・The teacher's role is to provide learners with learning opportunities on a step-by-step basis that promotes effective language learning so that they perceive and use language as a means of self-expression and communication.
・The teacher's task must be to help learners to feel more in control of their learning.
・Teachers should endeavour to improve their skills, attitudes, and minds as language instructors and educators.

つまり、この章でみてきたように学習者の動機減退要因に対処するために教員ができることは、濱田（2013）やNakata（2006）の示すように学習者に配慮をすること、また動機づけストラテジーに関して議論しながら時折触れたように、学習者の自律性を育むことである。いわば、当たり前のことを当たり前にすることが動機づけにポジティブに影響するといえよう。この章の最後に以下の引用を紹介したい。

> Just as in cooking, achieving an optimal, motivating outcome can be done using different combinations of spices: while some chefs rely on paprika and build the recipe around it, others prefer pepper and the herbs that go with it. The situation is exactly the same in developing a motivating teaching practice（Dörnyei, 2007, p. 650）.

学習意欲の減退への対処を考えたときに、この料理人のたとえは非常に参考になる。プロの料理人は、どんな料理でも胡椒やハーブをうまく使いながら料理できなければいけない。つまり学習者のモチベーションを考えたとき

に、教員は、活動前、活動中、また活動後にはどのようなことができるかをまず知り、あとはその料理ごとにうまく応用することが重要である。

　また、動機づけストラテジーの有用性に関しては、幾つかの研究(例 Chen & Dörnyei, 2007; Guilloteaux & Dörnyei, 2008; 篠原, 2009; Sugita & Takeuchi, 2010)で扱われているものの、学習意欲が減退した学習者への有用性に関しては、研究が行なわれていない。今後の研究が待たれるところである。

第 9 章　まとめ

　本章では、いままでの議論を踏まえ、これまで行われてきた学習意欲減退に関する研究の問題点をまとめ、次に、これからの研究にはどのような視点が必要かを検討する。その過程で、今後のさらなる研究の発展のため、幾つかの学習意欲減退研究における新しい視点についても言及したい。

9.1.　現在の学習意欲減退に関しての研究の問題点

　第 4 章では、さまざまな学習意欲減退に関しての先行研究をとりあげてきた。その中で幾つかの研究をみていてまず指摘したいのは、研究者自身が自分の研究が何を対象としているかを明確にするべきだということである。本書では、第 1 章で学習意欲が減退している (demotivated)、学習意欲減退の状態 (demotivation)、学習意欲減退の要因 (demotivators) の 3 語に分け、学習意欲の減退に関わる用語を整理した。本書を準備するために多くの学習意欲減退に関しての先行研究に目を通したが、学習意欲減退の「現象」か学習意欲減退の「要因」のどちらを研究テーマとするのかが、明らかではない研究が多かった。

　例えばある研究では、筆者も関わった学習意欲減退要因に関しての項目 (Kikuchi & Sakai, 2009) とテストに対する不安に関しての項目 (Sarason, 1978) や外国語学習での教室不安尺度からの項目 (Horwitz, Horwitz, & Cope, 1986) と 3 つの尺度を 1 つの質問紙に盛り込んでデータ収集を行ったというものがあった。研究者のうちの 1 人が、イラン人英語学習者 100 名にその

質問紙を配布し、100項目ほどもある質問項目に授業時間内35分で回答させ、学習意欲減退とテスト不安、そして外国語教室不安との相関関係を分析している。Kikuchi and Sakai (2009) で用いられた項目は、学習者が様々な事柄をどれくらい敏感に学習意欲減退「要因」として捉えているかを調査するための質問紙であり、学習者の学習意欲がどれほど減退しているかという「程度」を調査するためのものではない。しかしながらこの研究では、その質問紙を学習者の学習意欲の減退の程度といった現象を測るために使用していた。一度の調査で多くのデータを得たいという行為は心情的に理解できるが、やみくもに3つの異なる目的を持った質問項目を合わせた質問紙を学習者に配布して、データを収集してもこれでは妥当性の高いデータを得られる可能性は低いのではないだろうか。

　本書では、まず第1章でモチベーションの定義を試みたが、その定義には様々な見方があり、研究者の間でもどの理論的立場に立っているかによって定義が異なるといえる。それゆえ、モチベーションの「減退」に関しての研究となれば、かなり慎重に、何をどうやって研究するのか、またどの理論的立場に立つのかを明確にしなければいけないだろう。また、第2章でも言語学習でのモチベーションの研究の歴史をとりあげ、言語学習でのモチベーションという概念が研究者たちの間で違いがあることを議論した。例をあげれば、さきほどの研究でも使用されていた Kikuchi and Sakai (2009) の質問紙では、「次の理由は高校における英語学習のやる気をなくすものとしてどれくらい当てはまりますか。」という文の後、35項目のリストをみて回答者がそれぞれの項目に対して「全くあてはまらない、あてはまらない、どちらともいえない、あてはまる、とてもあてはまる」のどれかを選ぶ形式になっている。そして、例えば回答者は項目1「英語でコミュニケーションをする機会がなかったから。」という記述を読み、回答者自身が学習意欲減退要因として、それぞれの項目をどれほど強く認識しているかを考えてもらうようにつくられている。もし、さきほど言及した研究に使われた質問紙のように、テスト不安や外国語学習での教室不安に関する項目と共にこの学習意欲減退要因項目が並べられたらどうなるであろうか。おそらく、回答者は、

学習意欲減退要因について自省するのではなく、自分が英語でコミュニケーションをする機会があったかなかったかの「経験」を考えながら回答している可能性が高い。つまり、この項目を正しく調査結果に反映させるためには、調査者が実施する際に、質問紙の目的を話し指示文を読んだ後に回答してもらうなどの工夫が必要なのだ。回答時に英語学習のやる気をなくす可能性のあるものという概念をしっかり理解してアンケートに答えてもらう必要がある。なお、先ほど言及した研究に関してはそのような質問紙配付の際の説明がされてから調査を実施していたかという点についても論文中に記述はなかった。

　このような点については、Brown (2001, p. 176–191) が、質問紙を作成する場合に注意すべき妥当性 (validity) という概念に関して詳しく説明をしている。また、平井 (2012, p. 2–10) は、より広くテストや質問紙を作成する際に考慮すべき妥当性の概念の歴史的発達の背景に関して触れながらわかりやすく説明してある。質問紙調査の作成、実施の際に適宜参照いただきたい。

9.2. 現在の学習意欲減退に関しての研究方法に関して

　Ellis (2004) は、今まで個人差に関しての研究は、質問紙やテストを使用した量的なものが主流であったことに触れた後、以下のような議論を展開している。

> It should be noted, however, that doubts about these instruments, especially about their validity, continue to be voiced. Researchers who view learning from a social-constructionist perspective have argued that how learners approach and respond to learning an L2 can only be considered in relation to the specific learning activities they engage in and that methods that require them to report general tendencies are inherently flawed. (p. 527)

Ellis (2004) も指摘する通り、確かに過去に行われた学習意欲減退要因の研

究も、主に質問紙を使用して行われてきている。しかしながら例えば、「高校時代に経験した」「今までの大学の授業で経験した」英語の授業での学習意欲減退要因に関して質問紙調査で回答者の認識を聞いても研究者が求めるように広く自分の経験を思い出して質問紙に回答してもらうのは難しい。筆者自身もアンケート項目を大学生の参加者に確認してもらっている際に、今までのどの授業のことを具体的に思い出して回答していいか、と質問されたことがある。また、今まで履修した授業がどんな授業だったかあまり覚えていないといった声も聞かれた。さらに、このように質問をしてくる回答者の場合ならまだよいが、あまりよく考えずに適当に回答をしてもらってデータを収集しても、そのデータは現実の問題を反映しているとは言い難いであろう。

　昨今よく議論されるのが、幾つかの研究方法をミックスして研究を行うといったアプローチ (Mix methods approach) である。質問紙やテストなどを使用し、量的データを収集するだけではなく、質的研究、あるいは質的・量的双方の研究法を使い、どういったデータを集めることできるのだろうか。表9.1 に Ivankova and Creswell (2011, p. 137) に基づき、量的・質的・ミックス法の違いに関して簡単にまとめてみた。

　この表をみてわかるように、量的・質的研究はそれぞれ目的が異なり、収集するデータ、研究のプロセスも異なる。そのため、折衷法では、量的・質的のデータを混合して研究テーマをより深く理解しようと試みることになる。さらに、研究テーマによって、研究者はどのアプローチを用いるかを選択する必要があろう。では、学習意欲減退要因の研究では、研究者はどのような選択ができるであろうか。以下は、Kikuchi (2013) で発表したインタビューデータの一部である。"ともみ"と"さちこ"（いずれも仮名）は、第7章で紹介した研究に参加した 20 名のうちの 2 名で、実施されたグループインタビューの内容を抜粋している。"ともみ"は、わからないことがあるとすぐに辞書を引くとか質問をするが、自分はやる気があるとは思わないという。その発言に対して"さちこ"と研究者が話し合っており、その後、やる気とは何かということについて、ともみとさちこが話している。

表 9.1　量的・質的・ミックス法を用いた研究の違い
（Ivankova and Creswell, 2011, p. 137 に基づく）

Options	収集するデータ	研究のプロセス	目的
量的研究	能力テストの点数、質問紙の選択式項目などから得られる数値データ	様々な統計手法を用い、客観的にデータを分析する。	調査結果が調査サンプルから一般化できるように仮説を証明する。
質的研究	インタビューや観察ノートなどから得られる文字データや絵や写真、動画素材などのイメージ	研究参加者の経験の多角的な解釈を可能にするために前もって予想した仮説や考え方なしに共通したパターンやテーマを見つける。	自然の状況における現象と調査参加者の経験を理解しようと試みる。
ミックス法	質問紙の選択式項目などから得られる数値データとインタビューや写真の描写などから得られる文字データ	説明的・探索的・埋め込み式のリサーチデザインを用い、一点か幾つかの点でデータを統合／連結する	１つの研究の中の幾つかのステップにおいて質的・量的データを混合して研究テーマのより完全な理解をする。

ともみ：理解しないと私もやもやします。

研究者：あぁ。理解しないともやもやする…で、それがやる気があるとは自分では思わないっていう…。

ともみ：何も感じないです。

研究者：何も感じない、はー…。

さちこ：やる気があるから調べてるわけじゃなくて…。

ともみ：ただわからないから調べてる。

研究者：わからないことがあるともやもやする。

ともみ：すぐわからないと調べます。テレビとかでも私字幕で見るんですけど字幕で難しい漢字とかでたらすぐパソコンで調べて意味見たり。

さちこ：ともみ、わかんないとすぐ聞くよね。

ともみ：そう、なんでなんでって　癖なんで。

研究者：そっかそっか　じゃあ自分の性格っていうか習慣としてわからないことがあるともやもやするって全てのことにある？

ともみ：そうですね、ほとんどいろんな人になんでも聞きます。

さちこ：でも今なんか、何かをやる気でやっているようなことってないなって。なんか中高は部活とかしててやる気で毎日やってた、毎日やってるのはそれはやる気があったっていうか、みんながやる気があるとそれは私が無くてもみんながあったりとかしてわかったけど、今なんか今自分がやる気を持って取り組んでる何かがパッと浮かぶわけでもない。
ともみ：私も無い。
研究者：中高のときはなんかあったんだ？
さちこ：はい。
研究者：それはともみさんも同じ？中高のときは…。
ともみ：やる気ですか？
研究者：やる気はあってなにか取り組んでるものがあった？
ともみ：あーっと中学生は成績がよかったので　学年で2位とったことがあったからそれを落とさないようにがんばろうって言うやる気はあった。けど今はうーん、やる気、全てに対してやる気は…。　だらだらするのがすごい好きだからやる気ってのはないかな。
研究者：なるほどね。
さちこ：ないとさ、やる気ってわからないよね。
ともみ：やる気ってわからない、すっごい抽象的。

この2人の学習者とのインタビューから質的データのおもしろさがみてとれよう。この中でインタビュアーである研究者は、予想した仮説や考え方なしに話を聞こうと努めており、その中で「やる気」に対してのともみとさちこの捉え方を引き出している。2人とも過去にはやる気をなんとなく感じていることはあったが、大学1年生になった今、何事に対しても何かやる気をもって取り組んではいないと述べている。このインタビューは、後期が開始されてまもなくの10月に行ったものであり、特に夏休み明けの多くの大学生が感じうる「やる気のなさ」がうかがえる。彼女たちの意見から量的

データだけでは浮かび上がってこないモチベーション研究の複雑さがみてとれる。研究者はその点を理解し、適切な研究方法を選ぶことが重要といえよう。

9.3. 個人差要因と学習意欲減退要因

第 2 言語習得理論の分野では、様々な個人差要因がとりあげられてきている。以下は Ellis (2004, p. 530) に基づき、10 の個人差要因を能力、生まれつきの性質、第 2 言語学習での学習者の条件、学習者の行動 4 つのカテゴリーに分け、表 9.2 にまとめてある。また、白畑 他 (2009)、小嶋・尾関・廣森 (2010) を参考にそれぞれの要因に関する説明を加えた。

表 9.2　第 2 言語習得論でとりあげられている様々な個人差要因

カテゴリー	個人差要因	要因に関する説明
能力 (abilities)	1. Intelligence	学習能力、環境への適応能力、抽象的思考能力などの総合
	2. language aptitude	外国語を学ぶ潜在能力がどの程度備わっているかの度合い
	3. memory	認知的情報を保持し、後で検索し、再現できるようになること、その過程
生まれつきの性質 (propensities)	1. learning style	学習に対するアプローチの好みや、視覚、聴覚、身体感覚などのモダリティに関する好み
	2. motivation	人が自分の目標となる課題を行う際に、それを達成しようとする気持ち
	3. anxiety	心配、自分に対する不信、不満などが混ざり合って生じる心理状態
	4. personality	個人を特徴付ける行動、態度、信念、考え、感情などの集合
	5. willingness to communicate	第二言語で自発的にコミュニケーションを図ろうとする意思
第 2 言語学習での学習者の条件	Learner beliefs	教え方・学習がこう行われるべきだと人が持つ信念
学習者の行動	Learning strategies	学習をより早くより効果的にするために学習者が行う行動

このリストに挙げられている 10 の個人差要因の中で学習意欲減退要因のように第 2 言語習得にネガティブに働く要因は、不安(anxiety)である。ここでその研究概念をとりあげ、学習意欲減退要因との関連性に関して少し考えてみよう。

　Horwitz(2001, 2010)は、不安は幾つかのレベルで経験されるものだとした。包括的かつ深いレベルでは、特性的不安(trait anxiety)と呼べるものがあり、学習者の性格による安定的な性質である。短期的・状況的レベルでは、学習者は、特定の出来事や行動を通して、状況不安(state anxiety)を経験する。MacIntyre & Gardner(1991)の見方によれば、持続的で多面的性質を持つ状況に特定された不安(situation-specific anxiety)と呼べるものが、言語不安(language anxiety)であり、舞台に出てあがってしまうことやテスト不安に似ているものとされている。Horwitz, Horwitz, and Cope(1986, p. 128)の定義では、"a distinct complex of self-perceptions, beliefs, feelings, and behaviors related to classroom language learning arising from the uniqueness of the language learning process."となっている。この視点では特に、不安という概念を、言語学習過程に特有の授業に関連する「自己認識、信念、感覚や行動の紛れもない複合体」と捉えているところが非常に興味深い。学習意欲減退という複雑な状況を研究する際にも非常に参考になる定義といえよう。

　Horwitz, Horwitz, and Cope(1986)は、テキサス大学の初級外国語クラスを履修しており、自分は不安だと認識している学生との口頭調査を基にForeign Language Classroom Anxiety Scale(FLCAS)というコミュニケーション不安、テスト、ネガティブな評価の 3 つの言語不安の要因に関連する 33 項目からなる尺度を開発しており、この尺度は様々な研究で使用されている。しかし、興味深いことに、論文発表から 15 年の後、Horwitz(2001)自身も言語不安に関する研究を振りかえり、"in almost all cases, any task which was judged comfortable by some language learners was also judged stressful by others"(p. 118)と言及し、多くの学習者にとって共通の言語不安の源となる要因の特定の難しさを認めている。この点に関しても学習意欲減退要因の研究が抱える多くの学習者に共通する要因の特定の難しさと関連がある。

言語不安に関する研究のレビューの中で Ellis (2008, p. 693) は、言語不安についての研究で不安が言語学習を容易にしているのか、ネガティブな影響をもたらしているのか、また言語不安は「原因」とはならず、学習の難しさから生まれた「結果」なのかという問題に、研究者の間で一致された議論がなされていないと指摘した。また、Dörnyei (2005) は、

> We find, however, considerable variation in the literature in the way the anxiety factor has been integrated into research paradigms: It is sometimes used as a separate independent variable and some other times as a constituent of a larger construct. This, as we have seen, reflects a similar ambiguity found in the psychological literature concerning the exact position of the construct in the overall picture of ID variables. (p. 201)

と述べており、言語不安の研究が第2言語習得の分野のどの位置にあるかが明確でないことを指摘している。

　ここまで10の個人差要因に簡単に触れた後、学習意欲減退要因のように言語習得プロセスにネガティブに働くとみられている言語不安の研究に対する批判に関して主にまとめてきた。また、言語不安と同じように、学習意欲減退要因も同様な問題があることも指摘してきた。ここで本書の最後のまとめとして、第2言語習得理論での立ち位置に関して考察を加えたい。本書では、学習意欲の減退 (demotivation) は、個々の学習者が言語習得において経験するプロセスとして扱ってきた。学習者は、言語習得のプロセスの中で、様々な学習意欲減退要因 (demotivators) を経験するであろう。その経験は、言語不安と同じように、ある学習者にはネガティブに働き、ある学習者にはそのように働かないかもしれない。学習者は、学習意欲減退要因に対しての敏感さ (sensitivity) という点において異なるのである。また、9.5. の3水準モデルに基づいた議論で扱うように各々の学習者は異なるレベルで学習意欲減退要因に対して様々にそして複雑に反応することが予想される。その点も考慮にいれなければならない。

9.4. 学習者の相反性と学習意欲減退要因

今まで様々な機会を頂き、学習意欲減退要因に関しての研究発表や講演をしてきたが、時折、興味深い指摘を受けることがある。そのうちの1つが、"You are just asking leading questions!" というものである。つまり、筆者が研究に用いている質問紙自体が学習意欲減退要因としてありうる事柄のリストを使っているため、回答者を学習意欲が減退している方向に誘導してデータを集めているのではないかという指摘である。この指摘について検討をしながら、様々な文献を読み進めていくうちに、ambivalence（相反性）という用語を使った論文を見つけ、その指摘と関連させて、とても腑に落ちる思いがした。そこで、この節ではその学習者の相反性という用語を使い、学習意欲減退要因に関しての研究が抱える問題点と方向性に関して考えたい。

MacIntyre, MacKinnon, & Clément (2009) は、学習者のもつ ambivalence（相反性）に関して以下のように指摘している。

> …[The] SLA field should consider the notion that the language learner frequently is of two minds, one that urges moving forward and the other disposed to hold back. These tendencies can be identified in various social, motivational, affective and physiological processes and for that reason, ambivalence appears to be identified in various social, motivational, affective and physiological processes and for that reason, ambivalence appears to be inherent in the language learning process. (p. 3)

彼らが指摘するように、第二言語習得のプロセスの中で、学習者はさらに学習し、前に進もうとするか、あるいは躊躇してしまうかというどっちつかずの状態に陥っていることも多いであろう。MacIntyre, MacKinnon, & Clément (2009) では、言語不安や第二言語でコミュニケーションをとろうとする意思、という点からこの指摘をしていたが、この指摘は学習意欲減退に関してもあてはまる議論である。例えば本書では、第7章でありさが、英語

学習に対してやる気がないわけではない、というどっちつかずの状況であったという判断をした。「いつか海外旅行に行った際に英語を使って話していたいとは思うが、街中で英語で話している人をみても別に自分はそうなりたいとは思わない」「将来、英語の資格試験のために勉強をする必要があるかもしれないが、今は英語に対して強い必要性を感じない」「締め切りか何かがあったら勉強をするかもしれないけれど、今はそれがない」などの発言は英語学習に対してのモチベーションがないともとれるが、彼女は「テストでよい点をとることは重要だと思っている」「テストによってモチベーションが高められる」とも言っていた。つまり、英語を話すことに憧れは抱いても、その憧れを実現させようとは思わない。その一方で、ありさは教科としての英語は重要であり、試験勉強はすべきだと話している。

　こういった英語学習者をやる気がないと判断してしまってよいのだろうか。ありさは、毎月のインタビューではっきりと研究者の質問に答えていた。その語りから、英語に対するやる気はないわけではないのだが、意欲を持って学習を進めるという、いわば彼女を突き動かすものがないため、やる気が停滞しているといった様子が伺えた。MacIntyre, MacKinnon, & Clément (2009) の言語不安や第 2 言語でコミュニケーションをとろうとする意思の研究でも指摘されていたように、第 2 言語を使用する際に不安を持っている／持っていない、コミュニケーションをとろうとする意思を持っている／持っていないというような二元性では、学習者の日々変化する学習意欲を捉えきれないであろう。カナダで移民女性の研究をした Bonny Norton はそういった視点も踏まえ、investment（投資）という用語を使い、言語学習のモチベーションを捉えるべきだとした。

> …learners 'invest' in the target language at particular times and in particular settings, because they believe they will acquire a wider range of symbolic and material resources, which will, in turn, increase the value of their cultural capital… investment and identity together signal the socially and historically constructed relationship of learners to the target language and their some-

times *ambivalent* desire to learn and practice it（Norton & Toohey, 2011, p. 420）.

彼女はこの investment という用語を使い、学習者が学習を進める様子を表現している。その中で ambivalent という表現を使い、学習者の相反性を表現している。わざわざ時間をとって学習をし、英語の練習をするというのは日本国内で英語学習をすすめる多くの大学生にとってまさに「投資」といえるかもしれない。アルバイトをして小遣いを稼いだり、友達とショッピングに行ったり、恋愛をしたりと、彼らの時間はさまざまな日常の中で限られている。こういった生活の中では、さし当たって必要性の感じられない英語の学習に対してわざわざ時間や労力を投資するのは容易でなく、どっちつかずになってしまうのも当然といえよう。この節で述べてきたやる気が停滞し、どっちつかずの状態になっている学習者に関しての研究はまだ注目されていないが、現状を鑑みると重要な研究テーマであるといえる。

9.5. 学習者の非エンゲージメントと学習意欲減退要因

まだ注目のされていない学習意欲減退に関連する研究テーマとして、disaffection（非エンゲージメント）という状況がある。この用語は鹿毛（2013）によって意欲的な姿（engagement）の反対にあるということで非エンゲージメント、意欲的でない姿と訳されており、もともとは Skinner, Kindermann, Connell, & Wellborn（2009）によって使われた。Disaffection の他には、disengement, alienation, helplessness, or passivity といった用語を使って表現をする研究者もおり（Miceli & Castelfranchi, 2000）、以下のような現象として捉えることができる。

Reeve（2012）は、"motivation is the relatively more private, subjectively experienced cause, while engagement is the relatively more public, objectively observed effect"（p. 151）としている。Reeve は、エンゲージメントを "the extent of a student's active involvement in a learning activity"（p. 150）と定義し、

表 9.3　エンゲージメントと非エンゲージメント
（Skinner et al. 2009 に基づく）

タイプ	エンゲージメント	非エンゲージメント
行動的側面 学業活動や社会活動、課外活動に没頭したりしなかったりすること	行動を始める 努力する、尽力する 懸命に取り組む 試みる 真剣に取り組む 没頭する	受動的、先延ばしにする あきらめる、身を引く 落ち着きがない 中途半端である 集中していない、不注意 注意が散漫である
感情的側面 教師やクラスメート、学校に対して肯定的／否定的になること	熱心である 興味を持っている 楽しんでいる 満足している 誇りを持っている 興奮している	退屈している 興味がない 不満げ・怒っている 悲しい 心配している・不安だ 自己非難をしている
認知的側面 複雑なアイデアや難しいスキルをつけようと一生懸命に奮闘しようとすること／しないこと	目的を持っている アプローチする 目標のために努力をする チャレンジを求めている 積極的に参加している 集中する、注意を向けている	目的がない 無力な状態だ あきらめている 回避的である 反対的である 頭が働いていない

学習者が学習活動に活発に取り組んでいるかはより客観的に観察できることを指摘し、そのうえで、主観的に学習者に経験されるモチベーションを原因と捉え、エンゲージメントはその結果であると捉えている。学習意欲減退研究の新たな視角を考えると、こういった非エンゲージメントの兆候がみられる学習者を授業観察などによって特定し、その学習者の学習意欲減退要因に関して調査を行うなどの方向性が考えられる。もう 20 年以上前の文献になるが、Crookes & Schmidt (1991) でも以下のように指摘されている。

> In general, it is probably fair to say that teachers would describe a student as motivated if he or she becomes productively engaged in learning tasks, and sustains that engagement, without the need for continual encouragement or direction.

この指摘にもあるように、教育現場ではエンゲージメントの兆候がみられる生徒を動機づけられているとみる傾向がある。もしそうであれば、逆に非エンゲージメントの兆候がみられる生徒を特定し、どのような要因で学習意欲が減退しているのかを調査することは十分有意義な研究であるといえよう。新たな研究の方向性として指摘したい。

9.6. 動機づけの3水準モデルと学習意欲減退要因

本書でみてきたように今までの学習意欲減退要因の研究は「授業内での学習意欲減退要因」といった限定の仕方をしてきた。しかしながら、その要因に関する場面に応じた認知の仕方と学習者の特性との関連、そして異なったレベルの要因を細かく分けずに研究をしてきた。例えば、ある学習者が英語を「話す」ことに対してはモチベーションが高いが、英語を「読む」というと興味がわかず、そのことから学習意欲減退を認識してしまうことがあるとする。この場合、学習者の学習意欲減退要因には学習者の特性やある領域に対するモチベーションが関連していると考えられる。今後は、そういった関連性を整理する必要があると考える。

今まで複数の研究者たちが、動機づけには少なくとも幾つかの階層やレベルがあると議論してきている（Vallerand, 1997; 鹿毛, 2004, 2013; 速水, 1998）。例えば、鹿毛（2013）によると、その水準には、(1)特定の場面や領域を超えた個人の性格の一部として機能する特性レベル、(2)学習している分野や領域に反応する領域レベル、(3)学習時のその場、そのときに応じて変化する状態レベルの3レベルが考えられるという。

この動機づけにおける3水準モデルを応用することによって、より整理されたわかりやすい研究がすすめられると考えられる。例えば、前節でエンゲージメントと非エンゲージメントに関して扱ったが、こういったレベルの動機づけは状態レベルである。面白い活動をしているときに時間を忘れて没頭するという経験は誰もがしているであろう。その逆に、退屈な作業の繰り返しは状態レベルの学習意欲減退要因といえる。人と話すのが好きな学習者

は、そういった活動が多い授業によってモチベーションが高まる一方、人と話すことが苦手であれば、それは学習意欲減退要因となる。そういったレベルは、領域レベルと考えられよう。また、特定レベルでは何事にも好奇心が高い性格の学習者ならば、普段日常使わない外国語に興味を持つかもしれないが、基本的に忍耐力があまりない学習者であれば根気や努力が必要な外国語学習には向かないかも知れない。

　また、2.5. でとりあげた動的な系（Dynamic system）の捉え方から考えれば、それぞれのレベルでの要因は、他のレベルの要因と互いに影響を与え合いながら、常に変化していることが予想される。突然、英語の授業は英語で行うように、とある高校で決められてしまった場合を考えてみよう。学校もクラスもそして一人ひとりの生徒も異なる要素で構成されたシステムであると考えることができる。それらのシステムがどのように影響しあいながら学習者のモチベーションの高揚・減退につながるのかを調べるといった研究が考えられる。

9.7. 本書のまとめ

　本書では、英語学習への学習意欲を減退させる要因にはどのようなものがあるか、またどのように捉え、どのように研究していくことができるかを議論してきた。言語学習は時に単調で辛抱強く学習を続けることが必要で、その言語をマスターするのは難しいものであることはよく言われている。本書でとりあげてきた様々な学習意欲の減退要因を敏感に減退要因と捉える学習者もいれば、そうでない学習者もいる。このような状況について特に本書の第7章では、4名の大学1年生の例から、高い動機づけを維持し続けることのできる学習者と、学習意欲減退要因を敏感に捉え、モチベーションを維持できない学習者の例を示した。本書は、英語学習での学習意欲減退に関して扱ったが、国内で多くの人々が学習している韓国語、スペイン語、中国語、ドイツ語、フランス語など他の外国語学習でも、様々な事柄により学習者のモチベーションはダイナミックに変化しているものと想像する。本書の記述

を参考に、他の英語以外の外国語教育でも学習者の学習意欲減退要因の理解が進み、様々な教育現場でいままでやる気を失ったままでいた学習者たちがやる気をなくすことなく、もう一度やる気を高め、学習を続けることができるように願って、本書のまとめとする。

参考文献

〈英語文献〉

Abott, G. (1980). ESP and TENOR. *ELT Documents*, *107*, 122–124.

Alavinia, P., & Sehat, R. (2012). A probe into the main demotivating factors among Iranian EFL learners. *English Language Teaching*, *5*(6), p9–25.

APA. (2007). *APA dictionary of psychology*. Washington, DC: American Psychological Association.

Apple, M. (2013). Using Rasch analysis to create and evaluate a measurement instrument for Foreign Language Classroom Speaking Anxiety. *JALT Journal*, *35*(1), 5–28.

Arai, K. (2004). What 'demotivates' language learners?: Qualitative study on demotivational factors and learners' reactions. *Bulletin of Toyo Gakuen University*, *12*, 39–47.

Arbuckle, J. L. (2007). AMOS (Version 16.0). Chicago: SPSS Inc.

Berwick, R., & Ross, S. (1989). Motivation after matriculation: Are Japanese learners of English still alive after exam hell? *JALT Journal*, *11*, 193–210.

Bond, T. G., & Fox, C. M. (2007). *Applying the Rasch model: Fundamental measurement in the human sciences*. Mahwah, NJ: Erlbaum.

de Bot, K., Lowie, W., & Verspoor, M. (2007). A dynamic systems theory approach to second language acquisition. *Bilingualism: Language and Cognition*, *10*, 7–21.

Brown (2006) CFA

Brown, H. D. (2001). *Teaching by Principles: An Interactive Approach to Language Pedagogy*. New York: Longman

Brown, J. D., & Yamashita, S. O. (1995). English language tests at Japanese universities: What do we know about them? *JALT Journal*, *17*(1), 7–30.

Brown, J. D. (2009). Open-response items in questionnaires. In J. Heigham & R. Croker (Eds.), *Qualitative research in applied linguistics* (pp. 200–219). New York: Palgrave Macmillan.

Busse, V., & Walter, C. (2013). Foreign language learning motivation in higher education: A longitudinal study of motivational changes and their causes. *The Modern Language Journal* *97*(2), 435–456.

Byrne, B. M. (2001). Structural equation modeling with AMOS: Basic concepts, applications, and programming. Mahwah, NJ: Lawrence Erlbaum.

Byrne, B. M. (2009). Structural equation modeling with AMOS: Basic concepts, applications, and programming (2nd ed.). New York: Routledge.

Carpenter, C., Falout, J., Fukuda, T., Trovela, M., & Murphey, T. (2009). Helping students repack for remotivation and agency. In A. M. Stoke (Ed.), *JALT2008 conference proceedings* (pp. 259: 274). Tokyo: JALT. Accessed at http://jalt-publications.org/recentpdf/proceedings/2008/E140.pdf

Chambers, G. N. (1999). *Motivating Language Learners. Modern Languages in Practice.* Clevedon: Multilingual Matters.

Chen, J. F., & Dörnyei, Z. (2007). The use of motivational strategies in language instruction: The case of EFL teaching in Taiwan. *Innovation in Language Learning and Teaching, 1*, 153–174

Christophel, D. M. (1990). The relationships among teacher immediacy behaviors, student motivation, and learning. *Communication Education, 39*, 323–340.

Christophel, D., & Gorham, J. (1995). A test-retest analysis of student motivation, teacher immediacy and perceived sources of motivation and demotivation in college classes. *Communication Education, 44*, 292–306.

Crookes, G., & Schmidt, R. W. (1991). Motivation: Reopening the research agenda. *Language Learning, 41*, 469–512.

Csizer, K., & Magid, M. (2014). *The impact of self-concept on language learning.* Bristol: Multilingual Matters.

Daif-Allah, A.S., & Alsamani, A. S. (2014). Motivators for Demotivators Affecting English language acquisition of Saudi preparatory year program students. *English Language Teaching, 7*(1), 128–138

Deci, E. L., & Ryan, R. M. (1985). *Intrinsic motivation and self-determination in human behavior.* New York: Plenum Press.

Dörnyei, Z. (1994). Motivation and motivating in the foreign language classroom. *Modern Language Journal, 78*, 273–284.

Dörnyei, Z. (2001). *Teaching and researching motivation.* Harlow: Longman.

Dörnyei, Z. (2005). *The psychology of the language learner: Individual differences in second language acquisition.* Mahwah, NJ: Erlbaum.

Dörnyei, Z. (2007). Creating a motivating classroom environment. In J. Cummins & C. Davison (Eds.), *International handbook of English language teaching* (Vol. 2, pp. 719–731). New York: Springer.

Dörnyei, Z. (2009). Individual differences: Interplay of learner characteristics and learning environment. In N. C. Ellis & D. Larsen-Freeman (Eds.), *Language as a complex adaptive system* (pp. 230–248). Oxford: Wiley- Blackwell.

Dörnyei, Z. (2014). Researching complex dynamic systems: 'Retrodictive qualitative modelling' in the language classroom. *Language Teaching, 47*(1), 80–91.

Dörnyei. Z., MacIntyre, P., & Henry, A. (Eds.) (2014). *Motivational dynamics in language learning*. Bristol: Multilingual Matters.

Dörnyei, Z., & Otto, I. (1998). Motivation in action: A process model of L2 motivation. *Working Papers in Applied Linguistics (Thames Valley University, London), 4*, 43–69.

Dörnyei, Z. & Ushioda, E. (2011). *Teaching and researching motivation* (2nd ed.). Harlow: Longman.

Ellis, N.C., & Larsen-Freeman, D. (2006). Language emergence: Implications for applied linguistics –Introduction to the Special Issue. *Applied Linguistics 27*, 558–89.

Ellis, R. (2004). Individual differences in second language learning. In A. Davides & C. Elder (Eds.), The handbook of applied linguistics (pp. 525-551). Oxford: Blackwell.

Ellis, R. (2008). *The Study of Second Language Acquisition* (2nd ed.). Oxford: Oxford University Press.

Falout, J. (2012). Coping with demotivation: EFL learners' remotivation processes. *TESL-EJ 16*(3), 1–29.

Falout, J., Elwood, J., & Hood, M. (2009). Demotivation: Affective states and learning outcomes. *System, 37*(3), 403–417.

Gardner, R. C. (2001). Integrative motivation and second language acquisition. In Z. Dörnyei & R. Schmidt (Eds.), *Motivation and second language acquisition*. Honolulu, HI: The University of Hawaii, Second Language Teaching & Curriculum Center, 1–19.

Gorham, J., & Christophel, D. (1992). Students' perception of teacher behaviors as motivating and demotivating factors in college classes. *Communication Quarterly, 40*, 239–52.

Gorham, J., & Millette, D. (1997). A comparative analysis of teacher and student perceptions of sources of motivation and demotivation in college classes. *Communication Education, 46*, 245–261.

Guilloteaux, M. J., & Dörnyei, Z. (2008). Motivating language learners: A classroom-oriented investigation of the effects of motivational strategies on student motivation. *TESOL Quarterly, 42*, 55–77.

Halmos, B. (1997). *Demotivation in foreign language learning: The learner level*. Unpublished master thesis. Eötvös University, Budapest, Hungary.

Hamada, Y. (2014). Japanese high school EFL learners' perceptions of strategies for preventing demotivation. *Asian EFL Journal, 75*, 4–20.

Hayashi, H. (2005). Identifying different motivational transitions of Japanese ESL learners using cluster analysis: Self-determination perspectives. *JACET Bulletin, 41*, 1–17.

Horwitz, E. K. (2001) Language anxiety and achievement. *Annual Review of Applied Linguistics, 21*, 112–126.

Horwitz, E. K. (2010). Foreign and second language anxiety. *Language Teaching, 43*,

154–167.
Horwitz, E. K., Horwitz, M. B., & J. A. Cope. (1986). Foreign language classroom anxiety. *The Modern Language Journal, 70*, 125–132.
Ikeno, O. (2003). Motivating and demotivating factors in foreign language learning: A preliminary investigation. *Ehime University Journal of English Education Research, 2*, 1–19.
Islam, M., Lamb, M., & Chambers, G. (2013). The L2 motivational self system and national interest: A Pakistani perspective. *System, 41*, 231–244.
Ivankova, N. V., & Creswell, J. W. (2011). Mixed Methods. In J. Heigham & R. Croker (Eds.), *Qualitative research in applied linguistics* (pp. 135–161). New York: Palgrave Macmillan.
Kearney, P., Plax, T. G., Hays, E. R., & Ivey, M. J. (1991). College teacher misbehaviors: What students don't like about what teachers say and do. *Communication Quarterly, 39*, 309–324.
Kikuchi, K. (2009). Student demotivation in Japanese high school English classrooms: Exploring with qualitative research methods. *Language Teaching Research, 13*(4), 453–471.
Kikuchi, K. (2011). *Learner perceptions of demotivators in Japanese high school English classrooms*. Unpublished doctoral dissertation, Temple University, Tokyo, Japan.
Kikuchi, K. (2013). Demotivators in the Japanese EFL context. In M. Apple, D. Silva & T. Fellner (Eds.), *Language Learning Motivation in Japan* (pp. 206–224). Bristol: Multilingual Matters.
Kikuchi, K. (2014). Where do studies of "demotivators" fit in SLA research? *Paper presented at English Language Learning, Teaching, and Assessment (ELLTA) Research Group meeting* at University of Warwick, Coventry, U.K.
Kikuchi, K., & Sakai, H. (2009). Japanese learners' demotivation to study English: A survey study. *JALT Journal, 31*(2), 183–204.
Kikuchi, K., & Sakai, H. (2014). Factors on changes of English learning motivation: A Content analysis of motivating and demotivating experiences. *Unpublished manuscript*
Kim, K. J. (2009). Demotivating factors in secondary English education. *English Teaching, 64*(4), 249–267.
Kim, T. Y. (2011). Sociocultural dynamics of ESL learning (de)motivation: An activity theory analysis of two adult Korean immigrants. *The Canadian Modern Language Review, 67*(1), 91–122.
Kim, T.-Y., & Seo, H.-S. (2012). Elementary school students' foreign language learning demotivation: A mixed methods study of Korean EFL context. *The Asia-Pacific Education Researcher, 21*(1), 160–171.

Kim, Y. K., & Kim, T. Y. (2013). English learning demotivation studies in the EFL contexts: State of the Art. *Modern English Education, 14*(1), 77–102.

Kohlmann, K. (1996). *Demotivating factors in learning English*. Unpublished master thesis, Eötvös University, Budapest, Hungary.

Koizumi, R., & Kai, T. (1992). Changes in attitudes, motives, and perceived attainments in learning English: A cross-sectional study in seventh through ninth grade. *Fukuoka Kyoiku Daigaku Kiyo [Fukuoka University of Education], 41*, 297–307.

Koizumi, R., & Matsuo, K. (1993). A longitudinal study of attitudes and motivation in learning English among Japanese seventh-grade students. *Japanese Psychological Research, 35*, 1–11.

Kojima, S. (2004). *English learning demotivation in Japanese EFL students: Research in demotivational patterns from the qualitative research results of three different types of high schools*. Unpublished master thesis, Kwansei Gakuin University, Hyogo, Japan.

Konishi, M. (1990). Changes in motivation for English language learning: A series of four measurements. *The IRLT Bulletin, 4*, 1–23.

Krishnan, K. S. D. & Pathan, Z. H. (2013). Investigating demotivation in learning English: An extension to Sakai and Kikuchi's (2009) framework. *Advances in Language and Literary Studies, 4*(2), 124–131

Larsen-Freeman, D., & Cameron, L. (2008). *Complex systems and applied linguistics*. Oxford: Oxford University Press.

Li, L., & Zhou, C. (2013). Different Faces of Demotivation: A Comparative Study on Chinese and Korean College EFL Learners' Demotivators. *Journal of Applied Sciences, 13*, 800–809.

Linacre, J. M. (2006). *A users guide to Winsteps, Version 3.5*. Chicago: Winsteps

MacIntyre, P. D. & Gardner, R. C. (1991). Investigating language class anxiety using the focused essay technique. *Modern Language Journal, 75*, 296–304.

MacIntyre, P. D., MacKinnon, S. P., & Clément, R. (2009). Embracing affective ambivalence: A research agenda for understanding the interdependent processes of language anxiety and motivation. In P. Cheng and J. X. Yan (Eds.) *Cultural Identity and Language Anxiety*. Guilin: Guangxi Normal University Press.

McCroskey, J. C., & McCroskey, L. L. (2006). Instructional communication: The historical perspective. In T. P. Mottet, V. P. Richmond, & J. C. McCroskey (Eds.), *Handbook of instructional communication: Rhetorical and relational perspectives* (pp. 33–47). Boston: Allyn & Bacon

Miceli, M., & Castelfranchi, C. (2000). Nature and mechanisms of loss of motivation. *Review of General Psychology, 4*, 238–263

Miles, M. B., & Huberman, A. M. (1994). Data management and analysis methods. In N.

K. Denzin & Y. S. Lincoln (Eds.), *Handbook of qualitative research* (pp. 428-444). Thousand Oaks, CA: Sage.

Miura, T. (2009). A Retrospective Survey of L2 Learning Motivational Changes. *JALT Journal, 32*(1), 29–53.

Moiinvaziri, M. & Razmjoo, S. A. (2013). Demotivating factors affecting undergraduate learners of Non-English majors studying general English: A case of Iranian EFL context. *The Journal of Teaching Language Skills, 5*(4), 41–61

Mottet, T. P., & Beebe, S. A. (2006). Foundations of instructional communication. In T. P. Mottet, V. P. Richmond, & J. C. McCroskey (Eds.), *Handbook of instructional communication: Rhetorical and relational perspectives* (pp. 3–32). Boston: Allyn and Bacon.

Nakata, Y. (2006). *Motivation and experience in foreign language learning*. Oxford: Peter Lang.

Noels, K. A., Clément, R., & Pelletier, L. G. (1999). Perceptions of teachers' communicative style and students' intrinsic and extrinsic motivation. The *Modern Language Journal, 83*(1), 23–34.

Norton, B., & Toohey, K. (2011). Identity, language learning, and social change. *Language Teaching, 44*(4), 412–446.

Papi, M. (2010). The L2 motivational self system, L2 anxiety, and motivated behavior: A structural equation modeling approach. *System, 38*, 467–479.

Pintrich, P. R. (2003). A motivational science perspective on the role of student motivation in learning and teaching contexts. *Journal of Educational Psychology, 95*(4), 667–86

Reeve, J. (2012). A self-determination theory perspective on student engagement. In S. L. Christenson, A. Reschly, & C. Wylie (Eds.), *Handbook of research on Student engagement* (pp. 149–172). New York: Springer.

Reeve, J., Deci, E. L., & Ryan, R. M. (2004). Self-determination theory: A dialectical framework for understanding socio-cultural influences on student motivation. In D. M. McInerney & S. Van Etten (Eds.), *Big theories revisited* (pp. 31–60). Greenwich, CT: Information Age Press.

Rudnai, Z. (1996). *Demotivation in learning English among secondary school students in Budapest*. Unpublished master thesis, Eötvös University, Budapest, Hungary.

Ryan, S. (2012). Motivation. In M.S. Byram & A. Hu (Eds). *Routledge Encyclopedia of Language Teaching and Learning* (pp. 493–495). Routledge: London.

Ryan, R. M., & Deci, E. L. (2002). Overview of self-determination theory: An organismic dialectical perspective. In E. L. Deci & R. M. Ryan (Eds.), *Handbook of self-determination research* (pp. 3–33). New York: University of Rochester Press.

Sakai, H., & Kikuchi, K. (2009). An analysis of demotivators in the EFL classroom. *System*,

37, 57–69.

Sarason, I. G. (1978). The Test Anxiety Scale: Concept and research. In C. D. Spielberger & I. G. Sarason (Eds.), *Stress and anxiety, Vol. 5*. Washington, D. C.: Hemisphere Publishing Corporation, 1978, 193–216.

Sawyer, M. (2007). Motivation to learn a foreign language: Where does it come from, where does it go? *Gengo-to-Bunka*, *10*, 33–42.

Schumacker, R. E., & Lomax, G. L. (2010). *A beginner's guide to structural equation modeling* (3rd ed.). Mahwah, NJ: Lawrence Erlbaum.

Schunk, D. H. (2000). Learning theories: An educational perspective (3rd Ed.). Upper Saddle River, NJ: Merrill.

Schunk, D. H., Pintrich, P. R., & Meece, J. L. (2008). *Motivation in education: Theory, research and applications* (3rd ed.). Upper Saddle River, NJ: Merrill Prentice Hall.

Skinner, E. A., Kindermann, T. A., Connell, J. P., & Wellborn, J. G. (2009). Engagement as an organizational construct in the dynamics of motivational development. In K. Wentzel & A. Wigfield (Eds.), *Handbook of motivation in school* (pp. 223–245). Malwah, NJ: Erlbaum.

Stevens J. (2002). *Applied Multivariate Statistics for the Social Sciences* (4th ed.). Mahwah, NJ: Erlbaum.

Sugita, M., & Takeuchi, O. (2010). What can teachers do to motivate their students? A classroom research on motivational strategy use in the Japanese EFL context. *Innovation in language learning and teaching*, *4*(1), 21–35.

Tabachnick, B. G., & Fidell, L. S. (2007). *Using multivariate statistics*. Needham Heights, MA: Allyn & Bacon.

Taguchi, T., Magid, M., & Papi, M. (2009). The L2 Motivational Self System among Japanese, Chinese and Iranian learners of English: A comparative study. In Z. Dörnyei & E. Ushioda (Eds.), *Motivation, language identity, and the L2 self* (pp. 66–97). Bristol: Multilingual Matters.

Trang, T. & Baldauf, R. B. Jr. (2007). Demotivation: Understanding resistance to English language learning – The case of Vietnamese students. *The Journal of Asia TEFL*, *4*(1), 79–105.

Tsuchiya, M. (2006a). Factors in demotivation of lower proficiency English learners at college. *The Kyushu Academic Society of English Language Education (KASELE)*, *34*, 87–96.

Tsuchiya, M. (2006b). Profiling of lower achievement English learners at college in terms of demotivating factors. *Annual Review of English Language Education in Japan (ARELE)*, *17*, 171–180.

Tuan, L. T. (2011) EFL learners Motivation Revisited. *Theory and Practice in Language*

Studies, 1(10), 1257–1272
Ushioda, E. (1996). Language learners' motivational thinking: A qualitative study. Unpublished dissertation. University of Dublin, Trinity College, Dublin.
Ushioda, E. (2001). Language learning at university: Exploring the role of motivational thinking. In Z. Dörnyei & R. Schmidt (Ed.), *Motivation and second language acquisition* (pp. 93–125). Honolulu: University of Hawai'i, Second Language Teaching and Curriculum Center.
Ushioda, E. (2009). A person-in-context relational view of emergent motivation, self and identity. In Z. Dörnyei and E. Ushioda (Eds.), *Motivation, language identity and the L2 self* (pp. 215–228). Bristol: Multilingual Matters.
Ushioda, E. (2012). Motivation. In A. Burns & J. Richards (Eds.), *The Cambridge Guide to Pedagogy and Practice in Second Language Teaching* (pp. 77–85). Cambridge: Cambridge University Press
Ushioda, E. (2013). Foreign Language Motivation Research in Japan: An "Insider" Perspective from Outside Japan. In M. Apple, D. Silva & T. Fellner (Eds.), *Language Learning Motivation in Japan* (pp. 1–14). Bristol: Multilingual Matters.
Vallerand, R. J. (1997). Toward a hierarchical model of intrinsic and extrinsic motivation. *Advances in Experimental Social Psychology, 29,* 271–360.
Weiner, B. (1986). *An attributional theory of motivation and emotion.* New York: Springer-Verlag.
Weiner, B. (1992). *Human motivation: Metaphors, theories and research.* Newbury Park, CA: Sage.
Williams, M., & Burden, R. (1999). Students' developing conceptions of themselves as language learners. *The Modern Language Journal, 83,* 193–201.
Williams, M., Burden, R., & Lanvers, U. (2002). 'French is the Language of Love and Stuff': Student perceptions of issues related to motivation in learning a foreign language. *British Educational Research Journal, 28*(4), 503–528,
Wright, B. D., & Masters, G. N. (1982). *Rating scale analysis.* Chicago: MESA Press.
Wright, B. D., & Masters, G. N. (2002). *Number of person or item strata. Rasch Measurement Transactions, 16,* 888.
Zhang, Q. (2007). Teacher misbehaviors as learning demotivators in college classrooms: A cross-cultural investigation in China, Germany, Japan, and the United States, *Communication Education, 56,* 209–227.

〈日本語文献〉
イミダス(2014). デジタル版 集英社
上淵寿(2012).『キーワード 動機づけ心理学』金子書房

鹿毛雅治(2013).『学習意欲の理論：動機づけの教育心理学』金子書房
鹿毛雅治(2004).「動機づけ研究」へのいざない．上淵寿（編著）『動機づけ研究の最前線』(pp. 1–28)．北大路書房
狩野裕・三浦麻子(2002).『グラフィカル多変量解析―AMOS、EQS、CALISによる目で見る共分散構造分析』現代数学社
小嶋英夫・尾関直子・廣森友人．(2010).『成長する英語学習者―学習者要因と自律学習―』大修館書店
櫻井茂男(2011)．夢や目標をもって生きよう！：自己決定理論．鹿毛雅治(編著)．『モティベーションをまなぶ12の理論』金剛出版
篠原みゆき(2009)．中学校・高等学校英語教師の英語学習動機づけに対する認識に関する調査．*STEP Bulletin*, *21*, p. 231–242.
白畑知彦・冨田祐一・村野井仁・若林茂則(2009).『英語教育用語辞典』大修館書店
大辞林　第3版(2006).　松村明編　三省堂
田中博晃．(2013)．動機づけを高める方略の修正：特性レベルの内発的動機づけを高める教育的介入．*JACET Journal*, *56*, 81–106
知恵蔵(2014)．朝日新聞社
外山美樹(2011).『行動を起こし、持続する力―モチベーションの心理学』新曜社
豊田秀樹(2007).『共分散構造分析 Amos編―構造方程式モデリング』東京図書
ドルニェイ ゾルタン(2005).『動機づけを高める英語指導ストラテジー35』米山朝二・関昭典(訳)．大修館書店
新多了・馬場今日子(2014)複雑系とは．『英語教育』10月号(pp. 52–53)．大修館書店
濱田陽(2013)．高校生の英語学習における動機減退防止ストラテジー．『リメディアル教育研究』*8*(1), pp. 117–126.
速水敏彦(1998).『自己形成の心理―自律的動機づけ―』金子書房
平井明代(2012).『教育・心理系研究のための データ分析入門』東京図書
廣森友人(2003)学習者の動機づけは何によって高まるのか―自己決定理論による英語学習動機づけの検討．*JALT Journal*, *25*, 173–186.
松尾太加志・中村知靖(2002).『誰も教えてくれなかった因子分析―数式が絶対に出てこない因子分析入門―』北大路書房
谷島弘仁(1999).『動機づけの学校心理学』風間書房

【著者紹介】

菊地恵太（きくち けいた）

〈略歴〉1998年青山学院大学文学部英米文学科卒業、2002年University of Hawai'i at Manoa にて MA in ESL 取得、2011年 Temple University にて Doctor of Education (Ed.D), Curriculum, Instruction, and Technology in Education with Specialization in TESOL 取得。早稲田大学国際教養学部客員講師（専任扱い）、東海大学外国語教育センター専任講師・准教授を経て、2012年4月より神奈川大学外国語学部国際文化交流学科准教授。専門は英語教育・教育心理学（特に英語学習者の個人差）。

〈主要著書・論文〉*Language Learning Motivation in Japan*（第12章, Multilingual Matters）、Revisiting English Entrance Examinations at Japanese Universities after a Decade. (*JALT Journal*, 28(1), pp.77–96.)、English Educational Policy for High Schools in Japan: Ideals vs. Reality ((with Charles Browne). *RELC Journal*, 40(2), pp. 172–191.).

神奈川大学言語学研究叢書5

英語学習動機の減退要因の探求―日本人学習者の調査を中心に

Demotivators in English Language Learning: Perspectives from Japan
Keita Kikuchi

発行	2015年3月25日　初版1刷
定価	4200円＋税
著者	© 菊地恵太
発行者	松本功
印刷所	三美印刷株式会社
製本所	小泉製本株式会社
発行所	株式会社 ひつじ書房
	〒112-0011 東京都文京区千石2-1-2 大和ビル2階
	Tel.03-5319-4916　Fax.03-5319-4917
	郵便振替 00120-8-142852
	toiawase@hituzi.co.jp　http://www.hituzi.co.jp/

ISBN978-4-89476-754-6

造本には充分注意しておりますが、落丁・乱丁などがございましたら、小社かお買上げ書店にておとりかえいたします。ご意見、ご感想など、小社までお寄せ下されば幸いです。

シリーズ言語学と言語教育　31
国際英語としての「日本英語」のコーパス研究
―日本の英語教育の目標

藤原康弘著　定価 7,000 円＋税
本書は国際英語（EIL, WE, ELF）の視点から、日本人英語使用者コーパスを構築し、実証的手法で「日本英語」の潜在的な言語的特徴を同定する。

シリーズ言語学と言語教育　34
日本の英語教育における文学教材の可能性

髙橋和子著　定価 7,500 円＋税
英語教育から文学教材が減少している。文学がコミュニケーション能力育成を目指す日本の英語教育において、重要で良質な教材であることを理論と実践両面から主張する。